떠나자! 구석구석 유럽탐험

지은이 박정은

유럽, 아시아, 중동, 남미 등 총 62개국을 여행했습니다. 잡지, 신문 등에 글을 연재했고 여행과 문화 관련 방송에 출연했으며 강연을 하고 있습니다.
《프렌즈 유럽》《셀프트래블》에서 유럽의 여러 나라에 대해 썼고 《스페인 소도시 여행》《지금 이 순간 프랑스》 등을 썼습니다.

그린이 윤정미

의상디자인을 공부하고 회사에 다니다가 늦깎이 일러스트레이터가 되었습니다. 쓰고 그린 책으로《어느 멋진 날》이 있고, 그린 책으로는《할머니와 걷는 길》《백제의 신검 칠지도》《김구의 봄》《고구려를 넘어서》 등이 있습니다.

지구마을 리포트 6

초판 1쇄 발행 2020년 1월 3일

지은이 박정은 | **그린이** 윤정미
펴낸이 이상훈 | **편집인** 김수영 | **본부장** 정진항
편집 최윤희 | **디자인** 온마이페이퍼
마케팅 조재성 천용호 박신영 조은별 노유리 | **경영지원** 정혜진 이송이
펴낸곳 한겨레출판(주) 서울 마포구 창전로 70 5층 | **홈페이지** www.hanibook.co.kr
전화 02-6383-1602~3 | **팩스** 02-6383-1610 | **출판등록** 2006년 1월 4일 제313-2006-00003호

ISBN 979-11-6040-337-4 73920

- 값은 뒤표지에 있습니다.
- 이 책의 일부 또는 전부를 재사용하려면 반드시 저작권자와 한겨레출판(주) 양측의 동의를 얻어야 합니다.
- KC마크는 이 제품이 공통안전기준에 적합하였음을 의미합니다.
- ⚠ 책 모서리에 다치지 않게 주의하세요.

유럽의 역사와
문화 속으로
떠나자!

구석구석 유럽 탐험

박정은 글 · 윤정미 그림

한겨레아이들

작가의 말

안녕, 친구들.

나는 여행 작가예요. 어렸을 때 서점에서 유럽 여행기를 읽고 배낭여행을 꿈꾸게 되었어요. 대학생이 되자 아르바이트로 열심히 돈을 모아 유럽 배낭여행을 떠났죠.

프랑스 파리에 도착한 배낭여행의 첫 날은 7월 14일 프랑스 혁명 기념일이어서 지금도 잊을 수가 없어요. 유럽을 다녀오자 다른 나라도 궁금해졌어요. 그렇게 한 나라, 또 한 나라씩 여행하다 세계여행을 하게 되었지요.

세계에는 다양한 사람들이 살고 있어요. 기후와 문화가 다르고 사람들의 피부색도 모두 다르지요. 그들이 살고 있는 곳에서 나와 다른 사람들을 직접 만나 어떤 생각을 하며 어떻게 사는지 직접 보고 싶었어요.

여행에서 만난 사람들과 이야기하는 것은 정말 즐거웠어요. 새로 사귄 친구들과 이야기하는 재미에 푹 빠졌죠.

세계의 친구들과 만나며 깨달은 것이 있다면 바로 인류애에요. 우리는 모두 다르지만 같은 시간에 지구라는 한 공간에 살고 있고, 나쁜 마음보다는 착한 마음을 더 좋아하며, 그래서 서로 믿고 배려하며 힘들 땐 도와야 한다는 것을 저절로 알게 됐어요.

이 책에는 유럽의 문화와 역사를 담았어요. 영국, 프랑스, 독일, 네덜란드, 스웨덴, 스페인, 그리스의 친구들이 자신의 나라에 대해 설명해 줄 거예요.

한 나라의 역사와 문화가 찬란하게 꽃 피울 때 다른 나라들은 고통과 피해를 입기도 했어요. 역사를 돌아보며 앞으로 어떻게 하면 세계가 평화롭고 행복하게 살 수 있을지를 생각해 보면 좋겠어요. 한국과 멀리 떨어진 유럽의 역사가 우리나라와 어떤 관련이 있는지 이 책을 읽으면 알 수 있을 거예요. 그리고 세계는 모두 연결되어 있다는 것을 기억해 주었으면 해요.

끝으로 책 쓰기를 제안한 염미희 님, 이 책을 쓰도록 마음먹게 해 준 딸 은수와 조카 도현에게 감사의 말을 전합니다.

박정은

유럽 연합 EU

유럽의 정치·경제 통합을 위해 1993년에 만든 기구로 프랑스, 독일, 이탈리아 등 유럽의 28개 나라가 가입되어 있다. 유럽 연합에 가입된 국가들은 하나의 공동체로 솅겐 협약에 따라 공통의 출입국 관리 정책을 사용하여 서로의 나라에서 출국과 입국이 자유롭고(아일랜드 제외), 1999년에는 유럽 연합의 공식 화폐인 유로화(€)를 만들어 현재 19개의 나라에서 사용하고 있다.

여행 전날 밤 8

영국 12

프랑스 32

독일 54

네덜란드 76

스웨덴 100

스페인 120

그리스 142

여행 마지막 날 164

여행 전날 밤

은수는 자꾸만 심장이 두근거렸어요.

잠이 들지 못하고 이리 뒤척 저리 뒤척, 발가락도 꼼지락거려 봤어요. 말똥말똥 뜬 눈은 창밖의 달에 머물다 어느새 방 한편의 배낭으로 향했어요. 입고 갈 옷과 그림 그릴 노트, 그리고 비상식량으로 좋아하는 복숭아 젤리 등 빠진 것은 없는지 챙겨 넣은 것들을 떠올렸어요.

'뭐 잊은 건 없겠지? 아 맞다, 비상용 호루라기!'

은수는 벌떡 일어나 서랍 속 호루라기를 꺼내 가방 앞주머니에 쏙 넣었어요. 창밖에는 달이 환하게 비추고 있었어요.

'아침이 빨리 왔으면 좋겠어. 시간이 왜 이리 안 가지?'

시계를 보니 12시 10분이에요. 아직 아침이 되려면 멀었다고 생각하니 은수는 저절로 뾰로통해졌어요.

다시 침대에 누워 잠이 오기를 기다리며 상상해 봤어요. 외국 사람들과 '헬로!' 하며 인사할 생각에 웃음이 났어요. 여왕이 사는 버킹엄 궁전과 에펠탑, 파르테논 신전 등을 직접 눈으로 볼 수 있다고 생각하니 잠은 더 저만치 달아나 버렸어요.

'안 돼, 자야 해. 자야지. 내일이 되어야 비행기를 탈 수 있고, 비행기를 타야 유럽 여행을 떠날 수 있어. 빨리 자야 하는데…… 자야 하는데…….'

다음 날, 은수는 침대에서 용수철처럼 벌떡 일어났어요. 밖에는 비가 내리고 있었어요. 어제는 맑았는데, 은수는 잔뜩 걱정된 얼굴로 주방으로 달려갔어요.

"엄마, 비가 오는데 오늘 비행기 못 뜨는 건 아니지?"

"은수 일어났구나? 이 정도 비로 비행기가 결항되지는 않아. 걱정 안 해도 돼. 공항에 가야 하니까 얼른 앉아, 아침 먹자."

은수는 그제야 "휴우" 하고 안도의 숨을 내쉬었어요. 무슨 맛인지도 모르고 입안에 밥을 밀어 넣었어요. 마음은 벌써 공항에 가 있었어요.

버스를 타고 공항으로 가는 내내 은수 얼굴은 싱글벙글했어요. 한 시간이나 가야 하는데도 어젯밤과 다르게 시간이 빨리 가는 것 같았어요. 버스에서 내리자

은수는 엄마를 재촉했어요.

"엄마 빨리 와, 빨리."

"아직 시간이 많아. 천천히 가도 돼."

그때 삼촌과 도현이 저만치에서 보였어요. 도현 역시 은수처럼 싱글벙글 웃는 얼굴이었어요.

"오빠, 안녕?"

은수는 큰 소리로 도현에게 인사했어요.

삼촌이 엄마에게 물었어요.

"누나, 도현이랑 은수 둘만 보내도 될까?"

"물론이지, 유럽에 가면 내 친구들이 마중을 나올 거야. 그 친구들이 함께 다닐 테니 걱정하지 않아도 돼."

삼촌이 도현의 머리를 쓰다듬으며 말했어요.

"휴대폰이나 돈 잃어버리지 않게 조심하고 매일 깨끗이 씻는 것도 잊으면 안 돼."

"아빠, 저 스스로 잘 하니 걱정 마세요."

"삼촌, 걱정 마세요. 오빠는 제가 잘 감시할게요."

은수는 삼촌을 안심시켜 주었어요.

"런던 히드로 공항에 도착하면 마틸다가 기다리고 있을 거야. 이름을 기억해 둬. 비행기에서 내리면 승무원이 너희를 마틸다에게 안내해 줄 거야."

짐을 부치고 탑승권을 받은 후 은수는 엄마와 아빠 그리고 삼촌과 인사를 나눴어요.

"런던 히드로 공항으로 가는 박도현과 김은수인가요?"

항공사 직원이 활짝 웃으며 인사했어요. 은수와 도현은 직원을 따라갔어요.

출국 심사장의 아저씨가 은수의 얼굴과 여권을 번갈아 보고는 여권에 출국 도장을 '꽝' 찍어 줬어요. 이제 드디어 출발이에요!

"유럽아, 기다려라. 은수가 간다!"

영국

비행기는 런던 히드로 공항에 도착했어요. 영국인 승무원이 다가와 입국 수속장으로 안내했어요. 짐을 찾고 밖으로 나가니 '도현 & 은수 환영합니다. Welcome!'이라고 쓴 종이가 보였어요. 엄마 친구 마틸다였어요.

"헬로! 도현과 은수 환영해. 웰컴 투 런던!"

마틸다는 손을 흔들며 우리에게 다가왔어요.

"내 이름은 마틸다야. 한국말 조금 할 줄 알아요. 곧 한국에 갈 거라 한국어 공부를 열심히 하고 있어요. 도현과 은수, 비행기에서 지루하고 힘들었습니까?"

"아니에요. 만화 영화도 보고 맛있는 기내식도 먹다 보니 금방 영국에 도착했어요."

"패뷸러스, 멋져요! 자, 우리 이제 지하철을 타고 런던 여행을 떠나 보아요. 런던이 여러분을 기다리고 있어요."

우리는 마틸다와 함께 히드로 공항과 연결된 지하철을 타러 갔어요.

"영국에서는 지하철을 언더그라운드라고 불러요. 땅 아래로 다닌다는 뜻이에요. 다른 이름도 있어요. 터널이 동그랗게 뚫려 있어서 많은 사람들이 튜브라고도 불러요. 런던의 튜브는 세계에서 가장 오래된 역사를 가지고 있어요."

튜브라는 이름처럼 천장과 벽이 둥그스름했어요. 튜브는 우리나라 지하철보다 훨씬 작았어요.

공항에서 튜브를 타고 런던 시내에 도착했어요.

"자, 영국의 여왕이 사는 버킹엄 궁전으로 가 볼까요? 버스를 타고 갈 건데 2층 버스 어떻습니까?"

"좋아요! 런던에 오면 꼭 타 보고 싶었어요."

"영어로 2층 버스는 더블 데커라고 해요."

우리는 마틸다를 따라 버스의 2층으로 올라가 맨 앞에 앉았어요.

높은 곳에서 바라본 런던의 거리는 무척 신기했어요.

15

"과거 런던은 대기 오염이 너무 심해서 길거리가 뿌옇게 보였어요. 많은 사람들의 건강이 나빠지고 심하면 죽기도 했어요. 지금은 많이 달라졌어요. 우리가 타고 있는 버스는 전기 버스예요. 택시도 이제는 전기 차만 등록이 가능해요. 태양 에너지와 풍력 발전 같은 친환경 에너지로 바꿔 지금은 깨끗한 공기를 마실 수 있어요."

"우리나라도 친환경 에너지로 바꾸면 깨끗한 공기를 마실 수 있을까요?"

"물론이지요. 우리는 1952년 런던 스모그 사건을 겪은 후, 환경의 중요성을 알게 되었어요. 1956년 클린 에어 액트라는 법을 만들어 수십 년간 노력한 끝에 공기가 깨끗해졌으니 한국도 노력하면 이룰 수 있어요. 물론 공기는 국경의 구분이 없으니까 세계 모든 나라가 함께 노력해야겠지요."

얘기를 듣는 사이 버킹엄 궁전에 도착했어요. 버스에서 내려 마틸다와 함께 걸었어요. 마틸다의 걸음이 점점 빨라졌어요.

"조금 서둘러야 해요. 곧 근위병 교대식이 시작될 거예요."

"근위병 교대식이 뭐예요?"

"궁전을 지키는 근위병들이 한자리에 계속 서 있으면 힘들지 않겠어요? 그래서 정해진 시간에 다른 근위병들과 교대식을 하는 거예요. 요즘은 열한 시에 열려요. 자, 어서 와요. 이쪽에 서면 가장 잘 보여요."

　철문 너머 궁전 안을 보니 빨간색 제복을 입고 길고 커다란 모자를 쓴 근위병이 총을 들고 마네킹처럼 서 있었어요. 그 모습이 꼭 장난감 같았어요. 나는 조금만 서 있어도 온몸이 근질근질해서 견딜 수 없는데 꼼짝 않고 서 있는 근위병들이 대단해 보였어요.

　어디선가 음악이 들려왔어요. 말을 탄 기마대와 음악을 연주하는 악단이 보였어요. 사람들은 환호하며 박수 쳤어요.
　"마틸다, 저 안에는 정말 여왕이 사나요?"
　"네, 엘리자베스 2세 여왕이 살고 있어요. 엘리자베스 2세 여왕은 1952년에 왕위에 오른 이후 지금까지 영국의 여왕이

랍니다."

"1952년부터요? 우와, 굉장해! 내가 태어나기 한참 전이에요."

문득 궁금한 게 생겼어요.

"오빠, 우리나라에는 왜 왕이 없어?"

"역사 박사 박도현이 알려 주마. 우리나라에도 왕이 있었어. 조선 시대를 거쳐 대한제국 때까지 왕이 있었지. 우리나라의 마지막 왕은 영친왕이야."

"그런데 왜 지금은 없어?"

"우리나라는 해방 후부터 대통령을 뽑아서 그래."

"그럼 영국의 여왕은 우리나라의 대통령이랑 같은 거야?"

"음, 그건 마틸다가 설명해 줄게요. 영국은 왕이 있지만 정치에는 직접 관여하지 않아요. 우리에게는 프라임 미니스터라고 부르는 총리가 한국의 대통령과 비슷한 역할을 해요. 한국은 국민이 투표로 뽑은 대통령이 중심이 되어 정치를 하죠? 영국은 국민이 국회의원을 선출하고 선출된 국회의원이 가장 많이 속한 정당이 집권당이 되죠. 그리고 집권당에서 총리를 뽑아 정치를 해요."

"그런데 왜 영국에는 여왕도 있고 총리도 있는 거예요?"

"그건 아주 옛날에 왕과 의회가 싸우다 협정을 맺어서 그래요. 무역과 상업으로 돈을 번 젠트리 계층이 새로운 세력으로 등장해 의회로 진출해 있었어요. '젠틀맨'이 여기에서 나온 말이죠. 처음에는 왕이 마음대로 하려고 자신에게 반대하는 의회를 해산시킨 것이

싸움의 시작이었어요. 의회파 수장 올리버 크롬웰은 왕을 사형시켰어요. 하지만 크롬웰 역시 독재를 하는 바람에 다시 왕정으로 돌아가기도 했지만 결국 의회의 힘은 돌이킬 수 없을 정도로 커졌어요. 새로운 왕은 의회를 인정하고 의회의 허락 없이는 결정을 할 수 없다는 조항에 서명했어요. 영국 근대 민주주의는 이렇게 시작됐어요. 이웃 나라인 프랑스는 피 흘리는 전쟁을 통해서 혁명을 이루었지만 영국인들은 협정을 통해 이끌어 냈어요. 1688년의 일이죠."

"피라고 하니 생각났어요. 피를 흘리지 않았다고 해서 '무혈혁명'이라고 한댔어요."

"그래요, 무혈혁명의 초석을 다진 사람이 바로 올리버 크롬웰이에요. 영국에서 최초로 공화정을 선포한 크롬웰이 없었다면 민주주의를 이루는 데 더 많은 시간이 걸렸을지도 몰라요. 그래서 런던의 국회의사당 앞에는 올리버 크롬웰의 동상이 세워져 있어요. 조금 있다가 보게 될 거예요."

마틸다와 오빠의 이야기를 듣고 보니 영국이 더 근사해 보였어요. 그때 궁전 마당에 자리 잡은 악단이 연주를 시작했어요. 사람들이 음악을 듣고 노래를 불렀어요. 영화 〈해리 포터〉의 음악이 연주될 때 오빠와 나는 아는 노래라고 외쳤어요.

다시 버스 정류장에서 빨간색 2층 버스를 탔어요. 마틸다가 창밖을 가리켰어요.

"저 건물이 바로 국회의사당이에요."

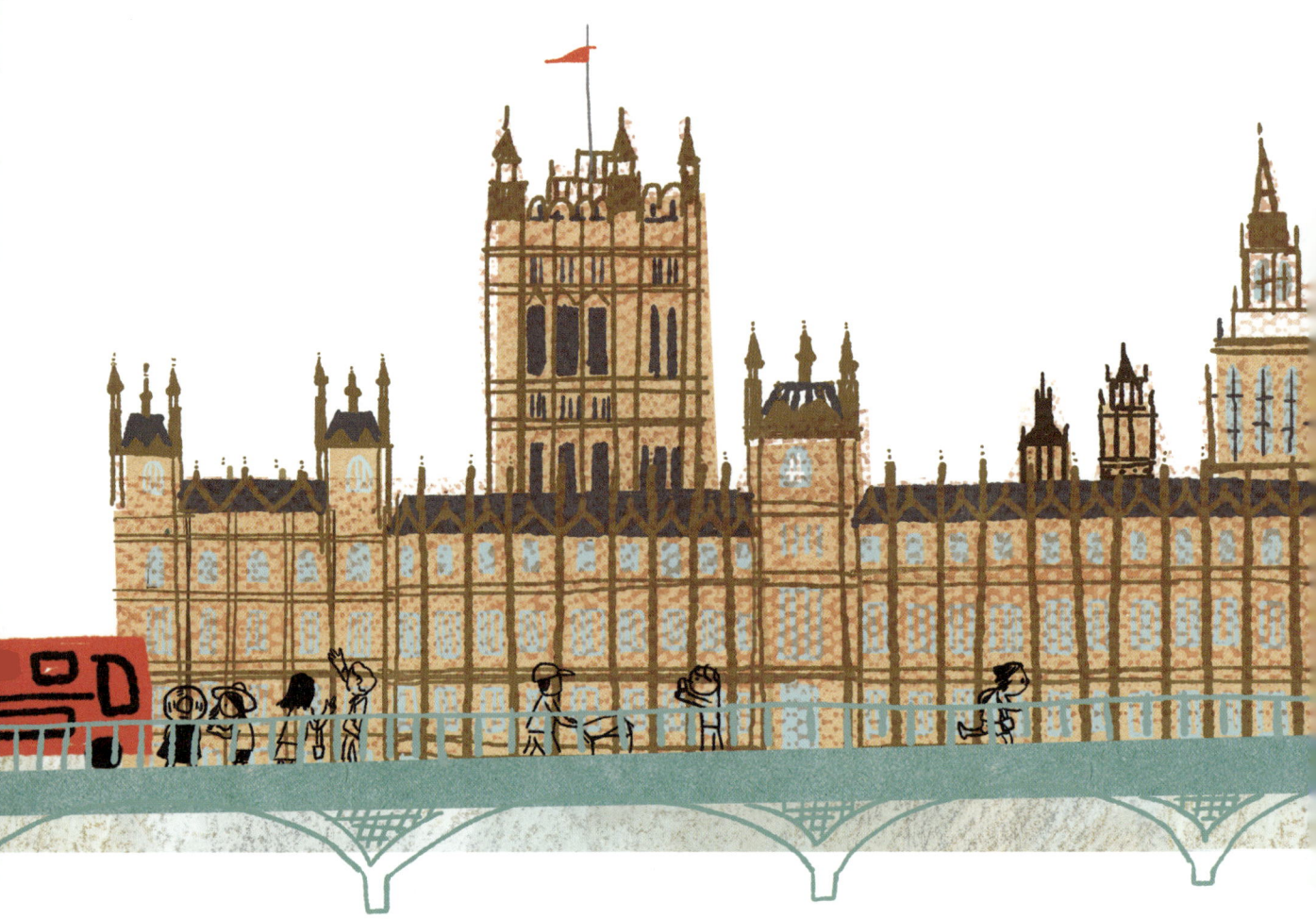

뾰족뾰족한 지붕을 가진 커다란 건물이 보였어요. 이렇게 멋진 건물에서 일하면 정말 기분이 좋을 것 같았어요. 국회의사당 끝에는 커다란 시계탑이 있었어요.

"우리는 저 시계탑을 오랫동안 빅벤이라고 불렀어요. 그러다 엘리자베스 여왕 즉위 60주년을 기념하며 엘리자베스 타워라는 새 이름이 생겼죠. 하지만 사람들은 여전히 빅벤이라고 불러요. 국회의사당에서는 영국의 의원들이 모여 나라의 정책을 결정해요. 저기

아까 말한 올리버 크롬웰의 동상이 보이나요?"

마틸다가 가리키는 곳에 모자를 쓴 동상이 보였어요.

"이제 마틸다의 카페에서 티타임을 갖도록 해요."

국회의사당에서 템스강을 따라 걸어서 작은 골목에 있는 마틸다의 카페에 도착했어요.

"자, 편안히 앉아서 영국식 애프터눈 티타임을 가져 볼까요? 애프터눈 티는 영국에서 매우 중요해요."

마틸다가 꽃무늬 찻주전자와 찻잔, 디저트가 가득한 3단 접시를 가져오자 나는 눈이 휘둥그레졌어요.

"이 3단 접시에 있는 음식은 아래부터 먹는 거예요. 가장 아래에 있는 접시에 샌드위치가 있고 그 위에는 스콘이 있어요. 가장 위에는 케이크예요."

모두 먹기 아까울 만큼 예쁘고 맛있어 보였어요.

"마틸다, 이건 뭐예요? 버터인가요?"

"이건 클로티드 크림이라고 해요. 우유를 낮은 온도에서 데우면 위에 덩어리가 생기는데 그걸 모은 거예요. 버터보다 고소하면서 부드럽고 딸기잼이랑 같이 먹으면 맛있어요."

차는 쌉싸래한 맛이지만 디저트와 함께 먹으니 어울렸어요. 무엇보다 스콘이 맛있었어요.

즐거운 애프터눈 티타임 뒤에 우리는 영국박물관으로 향했어요. 런던은 서울보다 작은 도시였어요. 2층 버스에서 내려다보이는 거리는 다양한 머리색과 피부색을 가진 사람들로 북적였어요.

"자, 이곳은 영국박물관이에요. 영국에서 가장 큰 박물관이고 18세기에 만들어진 세계 최초의 공공 박물관이에요. 입장료는 무료랍니다. 선사 시대부터 현대까지의 세계 유물을 전시하고 있어요."

"여기에 오면 고대 이집트의 미라를 꼭 보고 싶었어요."

도현 오빠가 흥분된 표정으로 말했어요.

"영국박물관에서 가장 유명한 전시물이 바로 이집트관이에요.

이집트의 박물관보다 영국박물관에 귀한 전시물이 더 많아요. 그런데 주요 유물들은 식민지 정복 전쟁 중에 가져온 것이어서 외교 문제가 되기도 해요."

이집트관에 들어서자 사람들의 열기에 공기가 후끈했어요.

마틸다는 로제타석 앞에서 잠깐 멈춰 섰어요.

"이 돌은 로제타라는 지역에서 가져온 거예요. 이 앞에 엄청난 사람들이 보이지요? 이 돌이 왜 유명한지 아는 사람? 잘 모르겠다면 자세히 살펴봐도 돼요."

"글자가 쓰여 있어요!"

내가 빨리 대답했어요.

"몇 가지 글자인지 살펴볼래요?"

자세히 보니 그림과 같은 글자들이 새겨져 있었어요. 중간에는 길쭉길쭉한 글자가 있고 아래에는 더 작은 글자가 촘촘히 쓰여 있었어요. 비슷한 모양끼리 묶어 보니 모두 세 가지였어요.

"세 가지요."

"이집트의 상형 문자, 민중 문자, 고대 그리스 문자예요. 기원전 196년에 제작된 로제타석에는 파라오(왕)가 된 프톨레마이오스를 축하하는 내용이 세 가지 언어로 적혀 있어요. 유럽인들은 고대 그리스어를 읽을 수 있었기 때문에 나머지 두 언어를 해독할 수 있었던 거예요. 사라진 고대 언어를 해독하게 해 준 중요한 열쇠가 된 돌이에요."

로제타석을 지나 미라들이 모여 있는 방으로 갔어요. 밤에 혼자 이곳에 온다면 얼마나 무서울까요.

박물관은 무척 넓었어요. 제대로 돌아보려면 하루 종일 걸린다는 말에 나는 다른 곳에 가자고 졸랐어요.

"지치기에는 아직 일러요. 런던에서 보여 주고 싶은 것이 많은데 시간이 부족해서 안타까워요. 이번에는 보트를 타러 템스강으로 가요."

템스강을 따라 보트를 타고 가면서 마틸다가 주변 건물들을 설명해 줬어요.

대관람차 런던 아이를 지나갔어요.

공장같이 생긴 테이트모던 미술관은 예전에 화력 발전소였다고 해요. 찰스 왕세자와 다이애나 왕세자비가 결혼식을 올린 하얀 세인트 폴 대성당은 무척 아름다웠어요. 좀 더 가니 오래된 건물이 보였어요.

"저기 보이는 건물이 바로 유명한 런던 타워예요. 중세 시대부터 왕궁과 요새로 이용했던 곳이에요. 이후에는 감옥으로 사용했어요. 어쩐지 좀 으스스한 기분이 들지 않나요?"

"여기가 바로 그 유령이 나오는 곳 아니에요?"

"맞아요, 도현이 잘 알고 있네요. 이곳은 유령으로 유명하죠. 헨리 8세는 여섯 명의 왕비를 두었어요. 두 명의 왕비를 사형시키고 세 명의 왕비를 내쫓았죠. 이곳에 갇혀 목이 잘린 두 번째 왕비 앤 불린이 자신의 잘린 목을 손에 들고 궁전을 돌아다닌다고 해요. 어때요, 무섭지요?"

맞은편에는 로봇 머리처럼 생긴 런던 시청이 보였어요. 무시무시한 이야기를 품은 런던 타워 바로 맞은편에 현대적 건물인 시청이 있으니 신기했어요. 과거랑 현재가 한곳에 있는 느낌이었어요.

우리는 런던 타워 선착장에 내려 타워브리지를 걷기로 했어요. 성처럼 생긴 다리는 19세기에 만들어졌는데 큰 배가 지나갈 때 다리의 가운데가 들린대요.

이제 슬슬 해가 지려고 해요. 우리는 푸드 트럭에서 피시 앤 칩스를 사서 템스 강변에 앉아 저녁을 먹으며 야경을 보기로 했어요.

"피시 앤 칩스는 영국을 대표하는 서민적인 음식이에요. 식당에서도 먹지만 이렇게 포장해서 많이 먹어요. 가시를 발라낸 생선튀김과 감자튀김을 함께 먹으면 배가 든든하지요."

"감자튀김이 정말정말 맛있어요! 양도 엄청나요."

도현 오빠가 와구와구 맛있게 감자튀김을 먹었어요. 나도 배가 고파서 피시 앤 칩스가 정말 맛있었어요.

우리는 강변에 앉아 영국 음식을 먹으며 지나가는 사람들을 구경했어요.

어느덧 해가 지고 어둑어둑해지자 타워브리지에 불이 켜졌어요. 거리의 음악가가 기타를 치며 노래를 부르기 시작했어요. 음악이 울려 퍼지자 사람들은 웃음 지었어요. 우리도 반짝이는 타워 브리지를 바라보며 미소 지었어요.

마틸다가 알려 주는
영국 이야기

안녕, 나는 런던에 살고 있는 마틸다야.
책을 통해 친구들을 만나게 되어서 정말 반가워.
나의 나라 영국 이야기를 들려주게 되어서 기쁘단다.

다양한 디저트와 샌드위치 그리고 차가 어울려지는 영국의 애프터눈 티 세트

영국의 차 문화

영국은 1630년대에 네덜란드를 통해 인도에서 생산된 차를 들여왔어. 쓴맛이 나는 음료가 처음에는 낯설었지만 1660년 즈음 상류사회의 유행이 되었어. 그러다 1720년 영국 의회에서 중국의 비단 수입을 금지시키자 상인들은 비단을 대체할 품목으로 차를 선택했고 이후로 대중화되기 시작했지. 차를 대량으로 수입하면서 가격이 떨어지자 많은 사람들이 차를 즐길 수 있게 된 거야.

18세기 중반 이후 차는 영국 전역 모든 계층으로 빠르게 퍼져 나갔어. 1840년경에 애프터눈 티타임이 생겼고 간식을 먹으면서 이야기를 나누는 사교 문화가 꽃피었어.

18세기 중반에는 상류층에서 홍차에 설탕을 넣어 마시기 시작했어. 당시 설탕은 고급 식자재로 상류층만 즐길 수 있었지. 영국의 식민지에서 설탕을 대량 생산하면서 이 문화 역시 점차 중산층으로 퍼져 나갔어. 노동자들도 설탕을 넣은 홍차를 마실 수 있었단다. 19세기 노동자들은 밥 먹을 짬도 없이 오랜 시간 일을 해야 했는데 설탕을 넣은 홍차는 이들에게 좋은 에너지원이 되었어.

런던에서 애프터눈 티 세트를 파는 곳은 아주 많아. 3단 접시에 나오는 빵과 디저트의 양이 많은 편이니 늦은 아침이나 이른 점심으로 좋을 거야.

프랑스

　오늘은 런던을 떠나 프랑스 파리로 가는 날이에요. 런던에서 가장 기억에 남는 곳은 수백 종류의 공룡 뼈를 볼 수 있었던 런던 자연사박물관이에요.

　런던에서의 마지막 날, 마틸다와 헤어져야 해서 슬펐는데 파리에서는 재미있는 사람 아멜리가 마중 나올 거라고 기대하랬어요. 아멜리가 궁금해졌어요.

　영국은 바다로 둘러싸인 섬나라예요. 그래서 비행기나 배를 타고 프랑스로 갈 줄 알았는데 기차를 탄대요. 기차의 이름은 유로스타였어요. '유럽의 별'이라는 뜻이죠.

어떻게 기차가 바다를 건널 수 있는지 궁금해하자 마틸다가 얘기해 주었어요.

"영국과 프랑스 사이의 바다를 도버 해협이라고 하는데 그 바다 아래에 터널을 만들어서 두 나라를 연결했어요. 도현과 은수는 해저터널을 지나게 될 거랍니다. 유로스타는 시속 300킬로미터로 달리는 고속 열차예요."

나는 마틸다의 이야기를 듣고 심장이 콩닥콩닥 뛰기 시작했어요. 심해에 사는 물고기를 볼 수 있을 거라는 기대가 생겼어요!

"그럼 물고기도 볼 수 있는 거죠?"

마틸다는 기차를 타고 가면서 직접 확인하라며 찡긋 윙크를 했어요.

우리는 기차역에서 공항처럼 출국 심사를 해야 했어요.

마틸다는 이제 헤어질 시간이라며 서울에서 만나자고 꼬옥 안아 주었어요.

출국 수속장 직원이 출국 심사를 도와주고 우리를 기차로 안내했어요.

기차가 출발하자 오빠와 나는 뚫어져라 창밖만 바라봤어요. 눈을 크게 뜨고 밖을 쳐다보면 물고기를 볼 수 있을 테니까요.

기차는 런던 시내를 벗어나 한참을 달리다가 갑자기 캄캄한 곳으로 들어갔어요. 지나가던 차장 아저씨가 우리에게 "This is Channel Tunnel"이라고 말했어요.

오빠와 나는 동시에 밖을 쳐다봤어요. 그러나 창밖은 깜깜했어요. 회색빛 콘크리트만 보일 뿐 아무것도 없었어요.

"에이, 실망이야! 그냥 터널 안이잖아."

도현 오빠가 실망한 목소리로 말했어요.

물고기를 볼 수 있을 거라 생각했던 기대가 와르르 무너졌어요. 아무것도 없는 창밖을 보다가 나도 모르게 까무룩 잠이 들었어요.

기차의 안내 방송에 눈을 떠 보니 어느새 파리 북역에 도착해 우리는 서둘러 내렸어요.

사람들 사이로 우리에게 걸어오는 사람이 보였어요.

"봉쥬흐!"

아멜리가 활짝 웃으며 인사했어요. 커다란 눈망울에는 장난기가 가득했어요.

"나의 이름은 아멜리야. 파리 한국어 학교에서 한국어를 배우고 있어. 너희에게 파리를 안내해 줄 거야. 영국에서 프랑스로 오는 여정은 즐거웠니?"

오빠와 나는 동시에 "아니요!"라고 대답했어요.

"해저 터널이라고 해서 잔뜩 기대했는데 캄캄해서 실망했어요."

기차역을 나와 메트로를 탔어요. 런던에서는 튜브라고 했던 지하철을 파리에서는 메트로라고 부른대요. 메트로에서 프랑스어로 들리는 안내 방송이 신기했어요. 런던에서는 아는 말이 종종 들렸는데 프랑스어는 아무것도 알아들을 수가 없었어요.

오빠가 프랑스어 안내 방송을 엉터리로 따라했어요.

"마담 드 무슈, 숑숑숑."

도현 오빠의 장난기는 파리에서도 여전했어요.

메트로는 우리나라의 지하철과 비슷한 모양이지만 크기가 더 작고 오래돼 보였어요.

"프랑스의 메트로를 보니 어때? 굉장히 오래됐지? 프랑스 메트로는 1900년에 개통돼서 100년이 넘었어. 나는 서울에 갔을 때 정말 놀랐어. 서울의 지하철은 마치 미래 세계 메트로 같았지. 환하고 깨끗했거든."

"우와, 100년이 넘었다고요? 그럼 프랑스 지하철이 세계에서 가장 오래된 지하철인가요?"

"농, 아니. 가장 오래된 지하철은 벌써 타 보았을 텐데?"

오빠와 내가 동시에 외쳤어요.

"런던의 튜브!"

"하하, 트레비앙!"

"트레비앙이 무슨 뜻이에요?"

"'잘했어!' '맞아!' 이런 뜻이야. 파리의 지하철이 더 낡게 느껴지는 이유는 아마도 냄새 때문일 거야. 파리는 서울처럼 무료로 이용할 수 있는 공공 화장실이 없어서 사람들이 으슥한 지하철에서 오줌을 너무 많이 눴거든."

"으악! 오줌을 지하철에서요?"

"위, 그래. 예전에 지하철 통로에서 나는 냄새는 정말 지독했어. 파리 시에서 무료 화장실을 많이 만들어서 점점 나아지고는 있지."

아멜리는 한 손으로 코를 막고 다른 손은 흔들어 댔어요. 나는 아멜리의 행동을 보고 깔깔깔 웃었어요.

몇 정거장이 지나자 아멜리가 내리자고 했어요. 밖으로 나가지는 않고 메트로 안의 벽화 앞으로 갔어요.

"자, 여기서부터 오늘의 여행이 시작돼. 이게 무슨 그림인지 알고 있니?"

벽화에는 손에 횃불을 든 사람과 총을 든 사람들이 있고 불타는 성이 그려져 있었어요.

"아멜리, 이건 무슨 그림이에요?"

내가 물었어요.

"1789년 7월 14일 프랑스 혁명의 한 장면이야. 이 역의 이름이 바스티유야. 바스티유는 요새이자 성이었는데 나중에는 죄인을 가두는 감옥으로 사용됐어. 이곳에서 프랑스 혁명이 시작되었지. 왕과 왕비에게 불만을 가진 사람들이 감옥에 갇힌 사람들을 풀어 주겠다고 이곳에 몰려왔어. 감옥이 불에 타면서 건물의 남은 돌들은 다리

를 만드는 데 쓰여서 지금은 기념탑만 있어. 사람들은 바스티유에서 멈추지 않고 왕과 왕비가 사는 베르사유 궁전으로 향했지."

"그 왕과 왕비는 루이 16세와 마리 앙투아네트죠?"

내가 말했어요.

"맞아! 은수가 잘 알고 있구나. 사람들은 베르사유 궁전으로 몰려가서 왕과 왕비를 붙잡았어. 그리고 감옥에 가두었지. 자, 이제 다시 메트로를 타고 가 볼까? 루이 16세와 마리 앙투아네트가 유죄를 선고받고 죽기 전 세 달 동안 머물렀던 감옥에 가 보자."

우리는 시테 역에 내렸어요.

아멜리를 따라 들어간 곳은 콩시에르쥬리였어요. 나는 "콩, 시, 에, 르, 쥬, 리"라고 천천히 발음해 보았어요.

파리 최초의 궁전으로 지어졌다가 프랑스 혁명 때부터 감옥으로 쓰였대요. 벽면 곳곳에는 비스듬히 잘린 커다랗고 납작한 쇠가 걸려 있었어요.

"아멜리, 저게 뭐예요?"

"저건 기요탱 칼날이야. 죄수들의 사형을 집행할 때 쓰는 것이었지."

아멜리가 한 손으로 자신의 목을 긋는 시늉과 함께 "끽" 소리를 냈어요.

"오빠는 기요탱이 뭔지 알아?"

"우리말로는 단두대라고 하는데 죄지은 사람을 죽일 때 머리를 자르는 기구야. 기요탱이라는 프랑스 사람이 발명해서 그 이름으로 부르게 된 거야. 프랑스 혁명 때 만들어졌어."

도현 오빠는 역사 책에서 본 이야기를 할 때면 진지해졌어요.

"1977년까지 기요탱이 사용되었어. 프랑스에서 사형 제도는 1981년에 없어졌어."

아멜리가 오빠의 말에 덧붙였어요.

"목이 잘리다니 너무 끔찍해요."

아멜리는 감옥 안 마네킹을 가리키며 이야기를 계속했어요.

"감옥에 갇힌 사람들은 평등하지 않았어. 돈이 없는 사람은 차가운 돌바닥에 깔린 짚더미 위에서 자고, 돈이 있는 사람은 침대에서 잤으니까. 여기는 마리 앙투아네트의 감옥이야. 엄청나게 넓지?"

베일을 쓴 마리 앙투아네트의 마네킹이 보였어요. 아멜리는 말을 이었어요.

"결국에 모두 평등해지는 때가 있지. 기요탱의 칼날에 목이 베이는 때. 부자든 가난한 사람이든 사형당하는 방법은 똑같았어."

우리는 글자가 가득 쓰인 방에 도착했어요.

"여기가 기요탱에 희생된 2,780명의 이름을 새긴 곳이야."

가까이에서 보니 아주 작은 글씨가 가득 적혀 있었어요.

"은수와 도현은 오늘 영국에서 바다를 건너 왔지? 런던과 파리는 겨우 두 시간 거리지만 역사를 보면 큰 차이가 있어. 영국의 경우 왕이 권력을 문서로 넘겨준 무혈혁명이었다면 프랑스의 혁명은 그 반

대였지. 프랑스의 새로운 중산층인 부르주아와 가난한 사람들이 힘을 합쳐 왕족과 귀족을 사형시키고 프랑스 혁명을 이어 갔어. 프랑스 혁명의 기치였던 자유와 평등 그리고 박애는 많은 사람들의 희생으로 이루어진 거야. 국민이 투표하고 대표를 뽑는 공화정이 지금은 당연한 것이지만 과거에는 당연한 게 아니었으니까."

"프랑스 혁명의 의미가 대한민국 헌법 제1조 1항과 2항의 내용과 비슷해요. '대한민국은 민주공화국이다. 대한민국의 주권은 국민에게 있고 모든 권력은 국민으로부터 나온다'이거든요."

"맞아, 많은 사람들의 희생이 있었기에 우리가 지금 자유를 누리고 있다는 것을 잊으면 안 돼."

아멜리가 재밌는 사람이라고만 생각했는데 똑똑 박사였을 줄이야! 아멜리가 멋져 보였어요.

"자, 여기서 퀴즈! 루이 16세와 마리 앙투아네트가 어디서 사형 당했는지 아니?"

"아뇨, 몰라요."

"우리 그쪽으로 가 보자. 여기서 멀지 않아."

우리는 콩시에르쥬리를 나와 센 강변을 따라 걸었어요. 센강은 한강에 비하면 아주 작았어요. 우리는 퐁네프 다리를 건넜어요. 퐁은 우리말로 '다리' 네프는 '새로운'이라는 뜻으로 '새 다리'래요. 하지만 지금은 파리에서 가장 오래된 다리라고 하니 참 재밌어요.

강을 따라 걷다 보니 커다란 건물이 보였어요.

"여긴 루브르 박물관이야. 과거에는 왕가의 궁전이었지. 지금처럼 박물관으로 쓰이게 된 것은 프랑스 혁명 이후란다. 혁명가들은 이곳이 모든 사람들의 궁전이 되기를 바랐어. 왕과 귀족만 드나드는 곳이 아니라 평범한 사람들도 아름다운 예술품들을 구경할 수 있는 평등한 곳 말이야. 옛날에는 왕족이나 귀족, 부자들만 예술품을 가질 수 있었거든."

영국에서 지루하다고 생각했던 박물관이 프랑스에서는 이런 의미로 만들어졌다고 생각하니 감동이었어요.

듣고만 있던 도현 오빠가 갑자기 말했어요.

"지금도 입장권을 사야지만 안으로 들어갈 수 있잖아요. 입장권을 살 수 없는 사람은 들어갈 수 없는데 여전히 불평등한 거 아닌가요?"

"올랄라, 트레비앙! 좋은 질문이야. 프랑스의 미술관은 만 18세 미만 학생들에게 무료로 입장하게 해 줘. 그리고 가난한 사람들도 무료로 볼 수 있게 해 준단다. 런던은 무료인 미술관과 박물관이 많지. 런던의 박물관은 기부금으로 운영되는데 요즘은 기부금이 줄어서 고민이래. 반면 프랑스는 입장료를 받지. 박물관에 있는 소중한 역사 유물을 관리하고 보호하는 데는 돈이 들어. 그래서 입장료가 필요해. 물론 기부를 받기도 하지만."

루브르 박물관을 나와 어마어마하게 큰 튀를리 정원을 지나니 차들이 많은 광장에 도착했어요. 광장 가운데에는 뾰족한 탑이 세워져 있었는데 영국박물관에서 본 상형 문자가 새겨져 있었어요.

"이 돌은 람세스 2세 때 만들어진 거야. 19세기 초 이집트 총독이 프랑스 왕에게 선물한 것을 장식한 거지. 파리에서 가장 큰 이 광장에는 원래 루이 15세 동상이 있었는데 혁명 때 철거되고 나서 혁명광장으로 이름이 바뀌었어. 그리고 지금은 콩코르드 광장이라고 불러. 이곳에 데려온 이유는 이곳에 프랑스 혁명 때 기요탱이 있었기 때문이야. 루이 16세와 마리 앙투아네트도 여기서 처형당했지."

아멜리의 말을 들으니 으스스한 느낌이 들었어요.

우리는 버스를 타고 에펠탑으로 향했어요. 파리는 언덕이 거의 없어서 에펠탑은 시내 어디에서든 보인대요. 서울이라면 고층 빌딩에 가려 보이지 않을 거예요.

버스가 에펠탑에 가까워질수록 탑은 점점 거대해졌어요.

오빠와 나는 버스에서 내려 "우아!" 하고 환호성을 지르며 반들반들한 바닥의 광장을 미끄러지듯 뛰어갔어요.

그곳에 있는 사람들은 모두 행복해 보였어요. 에펠탑을 손가락으로 집거나 손바닥에 놓는 포즈로 사진을 찍었어요.

아멜리는 늦은 점심을 먹자며 에펠탑이 보이는 카페로 가서 바게트 샌드위치와 샐러드를 시켰어요. 그리고 샌드위치를 먹으며 에펠탑에 대해 설명했어요.

"지금은 파리와 프랑스의 상징인 에펠탑을 처음에는 사람들이 좋아하지 않았어."

"정말요? 예쁘기만 한걸요."

"에펠탑은 프랑스 혁명 100주년을 기념하여 열린 만국박람회 때 만들어졌어. 프랑스 혁명이 1789년에 있었고 100년 뒤니까 1889년이지. 에펠탑을 만든 구스타프 에펠은 주로 철로 다리를 만들어서 철의 마술사라고 불리었단다. 에펠탑은 철로 만든 건축물이 얼마나 아름다운지 보여 주는 것이었어. 하지만 박람회가 끝나자 사람들은 에펠탑을 철거하자고 했어. 너무 흉측하다고 말이야."

에펠탑 없는 파리는 상상할 수도 없었어요.

"요즘에는 해가 진 뒤, 매 시간 에펠탑에서 조명 쇼가 펼쳐진단다. 2000년 밀레니엄 해를 기념해 만든 행사였는데 사람들의 반응이 좋아서 지금까지 계속하고 있는 거야. 밤에 반짝이는 에펠탑은 무척 사랑스럽지. 자, 이제 다른 곳으로 가 보자. 이번엔 배를 탈 거야."

에펠탑 아래 센강 선착장에는 유람선이 있었어요. 유람선에서는 우리말 방송이 나왔어요.

"이 배는 한 시간 정도 센강을 돌며 주변의 문화 유적에 대해 설명해 줄 거야."

유람선은 센강의 동쪽 미니 자유의 여신상을 한 바퀴 돌아 움직였어요.

프랑스가 1886년 미국 독립 100주년을 축하하기 위해 미국에 자유의 여신상을 선물했고 3년 뒤인 1889년 프랑스 혁명 100주년에 미국이 프랑스에 자유의 여신상 4분의 1 크기의 미니 자유의 여신상을 선물한 거래요.

유람선은 다시 에펠탑을 거쳐 황금빛으로 화려하게 빛나는 다리를 지났어요. 이 다리는 러시아의 알렉산드르 3세가 프랑스와 친해지자는 의미로 만들어 주었대요. 파리의 다리 중에서 가장 화려한 황금색으로 빛이 났어요. 잠시 뒤 좀 전에 걸었던 콩코르드 광장과 루브르 박물관이 보였어요. 오른쪽에는 오르세 미술관이 있었어요. 원래 기차역이었던 곳을 근대 미술을 관람할 수 있는 미술관으로 개조했대요.

유람선은 퐁네프 다리와 시테 섬 근처를 지나고 있었어요.

"아까 콩시에르쥬리만 가느라 시테 섬에 대해 설명하지 못했어. 중세 시대 시테 섬은 왕족과 성직자만 살 수 있었던 곳이야. 바로 옆에 있는 생 루이 섬에는 귀족이 주로 살았지. 시테 섬에는 왕궁과 성당을 비롯한 주요 건물이 있단다. 그리고 법원과 경찰청, 병원도 있어. 앗, 노트르담이다."

노트르담 대성당이 보였어요. 입구 부분만 남겨두고 나머지 부분은 철 기둥에 둘러싸여 건물이 자세히 보이지 않았어요.

"2019년 성당 공사 중에 화재가 나서 지금 복원하고 있어. 2024년 파리 올림픽 이전까지 완공할 예정이래."

"노트르담 대성당은 한국에서도 유명해요. 프랑스 중세 시대에 지어진 대표적인 성당이잖아요. 화재가 났을 때 뉴스에 나왔어요."

"노트르담 성당은 1345년에 만들어졌어. 고딕 양식으로 뾰족한 첨탑과 화려한 스테인드글라스가 특징이야. 프랑스 혁명 당시에 꽤 많이 파괴돼서 곡물 창고로 쓰였던 적이 있고, 19세기 초에는 복원에 돈이 너무 많이 든다는 이유로 철거될 뻔도 했어. 그때 프랑스의 작가 빅토르 위고가 안타까운 마음에 노트르담을 배경으로 한 〈노트르담의 꼽추〉라는 책을 썼어. 이 성당이 만약 19세기 초에 철거되었다면 어땠을까? 역사와 유물은 시대에 따라 사람들에게 받아들여지는 의미가 다른 것 같아. 과거엔 사람들이 철거하라고 했던 에펠탑이 지금은 파리의 상징이 된 것처럼 말이야."

유람선은 파리식물원이 있는 곳에서 한 바퀴 돌아 다시 에펠탑으로 향했어요. 다리를 지날 때마다 "와!" 하고 사람들이 감탄하는 소리가 메아리쳤어요.

다리 위에 있는 사람들이 유람선을 탄 우리에게 손을 흔들어 주었어요. 나도 같이 손을 흔들었는데 세계 여러 나라 사람들이 내 친구가 된 것 같았어요.

에펠탑 아래 선착장에 도착하자 아멜리가 이번에는 자전거를 타자고 했어요.

"파리 시는 대기 오염과 교통 체증을 줄이기 위해 시티 자전거를 생각해 냈어. 2007년부터 시작했는데 지금은 파리 시내에 약 2만 5천여 대의 자전거가 운행 중이야. 파리 시는 거의 평지라서 자전거 타기에 좋아. 특히 센강 주변을 자전거로 달리는 건 정말 즐거운 일이지."

"우리 어디로 갈 거예요?"

"오페라 극장!"

"저게 오페라 가르니에라는 건물이야. 오페라와 관련된 유령 이야기를 해 주려고 해. 도현과 은수는 뮤지컬 <오페라의 유령> 알아?"

"네, 런던에서 포스터를 본 적 있어요."

"유령이 출몰하는 오페라 극장이 있었어. 실제 유령은 아니고 팬텀이라는 사람인데 얼굴이 흉측해서 사람들을 피해 파리 하수도에서 살지. 오페라 단원인 크리스틴에게 반해 연습생이었던 그녀를 오페라의 주인공으로 만들어. 그런데 크리스틴이 라울 백작과 사랑하자 화가 난 팬텀이 크리스틴을 납치해서 지하 세계로 데려간다는 내용이야."

"그래서 어떻게 되는데요?"

"말 안 해 줄래, 히히. 나중에 봐. 오페라 가르니에가 <오페라의 유령>의 배경이 되는 장소야. 샤를 가르니에라는 유명한 건축가가 1875년에 만들었어. 극장 안에는 8톤 무게의 화려한 샹들리에가 매달려 있어. 자, 이제 한국 식당으로 출발!"

"좋아요!"

골목에는 한국 식당과 일본 식당이 줄줄이 있었어요. 식당 안은 사람들로 꽉 차 있었어요.

"아멜리, 한국 식당이 파리에서 이렇게 인기 있는 줄 몰랐어요. 한국 사람만 있을 줄 알았거든요."

"비빔밥이나 불고기는 기본이고 된장찌개, 삼계탕, 갈비, 제육볶음 또 뭐더라, 맞다! 닭강정과 떡볶이도 인기야. 그중 최고는 코리안 바비큐지."

"코리안 바비큐가 뭐지?"

"오빠, 우리가 먹는 삼겹살을 코리안 바비큐라고 하잖아."

"아, 그걸 외국 사람들은 그렇게 부르는구나."

오빠는 제육볶음, 나는 된장찌개를 주문했어요. 그리고 아멜리는 채소를 먹어야 한다고 비빔밥을 시켰어요.

아, 얼마 만의 한국 음식인지! 된장찌개를 한 입 뜨고 '맛있다!'라는 감탄이 절로 나왔어요. 프랑스의 바게트도 맛있지만 구수한 한국의 맛이 그리웠나 봐요.

아멜리가 알려 주는
프랑스 이야기

안녕, 나는 파리에 살고 있는 아멜리야.
나의 고조할아버지는 프랑스 혁명가였어.
나의 할아버지는 제1차, 제2차 세계대전을 겪었고
나치와 싸우는 레지스탕스로 활동했지.
나는 파리에서 사회운동을 하고 있어.
프랑스의 자유, 평등, 박애의 가치를
마음에 품고 살아가고 있단다.
여러분에게 프랑스 이야기를 들려주게 되어서 무척 기뻐.

프랑스의 바게트

프랑스에서는 기다란 빵 바게트를 흔하게 볼 수 있어. 겉은 바삭바삭하고 속은 스펀지처럼 보들보들해. 프랑스어로 바게트는 막대기라는 뜻이야. 기록에 의하면 루이 14세 때에도 기다란 빵에 대한 이야기가 나와. 19세기 말에는 지금보다 훨씬 기다란 빵을 들고 다니는 프랑스 사람들의 모습이 외국인이 보기에 이상했다는 기록도 남아 있지.

프랑스에서는 매일 아침 사람들이 고소한 냄새가 풍기는 빵집에서 바게트를 사 가는 모습을 볼 수 있어. 프랑스인들은 보통 아침으로 갓 구운 바게트를 커피와 함께 먹어. 점심에는 간단히 바게트 샌드위치를 먹기도 하고 샐러드나 수프 등 전채 요리와 함께 먹기도 하지.

프랑스는 프랑스만의 문화를 지켜 나가려고 노력하고 있어. 1920년대에는 바게트 만드는 방법이 법으로 정해졌단다. 프랑스 법에 의하면 밀가루, 물, 소금, 이스트만을 이용해야 하고 무게는 80그램, 길이는 최대 40센티미터를 넘으면 안 된대. 재미난 것이 있다면 매년 파리 시에서는 바게트 경연 대회를 열어서 최고의 바게트를 만드는 열 곳의 빵집을 선정한다는 거야. 그중 최고의 빵집 한 곳은 일 년 동안 대통령이 있는 엘리제 궁으로 바게트를 납품하는 영예를 얻게 돼. 최고의 빵집이 되더라도 가격을 올리는 일은 없어. 보통 바게트는 1유로가 조금 넘는 돈으로 살 수 있어.

매해 파리 시는 크기는 물론 색, 향, 빵을 찢을 때 나는 소리, 빵 단면의 구멍 등 엄격한 심사 기준을 거쳐 올해의 바게트를 선정한다.

독일

다음 여행지인 독일로 떠나는 날이 왔어요. 중간에 폴란드의 아우슈비츠에 들르기로 해서 파리에서 폴란드로 갔다가 폴란드에서 독일 베를린으로 가기로 했어요.

아우슈비츠는 폴란드의 크라쿠프 근처에 있어서 크라쿠프 공항으로 가야 한대요. 아멜리와 프랑스식 인사인 비쥬(양 볼을 맞대고 쪽쪽 소리를 내는 것)로 작별 인사를 하고 우리는 비행기 승무원을 따라갔어요. 이제는 익숙하게 출국 수속을 할 수 있었어요.

파리에서 폴란드 크라쿠프 공항까지는 겨우 두 시간 정도밖에 걸리지 않았어요. 공항에 내리니 우리 이름을 쓴 팻말을 들고 있는 키

큰 금발의 남자가 보였어요.

"안녕하세요. 은수와 도현인가요?"

동양인은 오빠랑 나뿐이었으니 눈에 쉽게 띄었을 거예요.

"안녕하세요. 마르크트……세요?"

"네, 나는 마르크트라고 합니다. 대학에서 한국학을 공부하고 있어요. 한국어를 잘하지 못하지만 즐거운 여행이 될 수 있게 열심히 안내해 볼게요."

급하게 왔는지 마르크트의 볼이 빨갛게 물들어 있었어요.

우리는 공항에 짐을 맡긴 다음 버스를 타고 아우슈비츠로 출발했어요. 아우슈비츠는 독일어 발음이고, 폴란드어 발음은 '오슈비엥침'이래요.

"여기가 오슈비엥침 입구입니다. 위에 쓰여 있는 글자가 무슨 뜻인지 알아요?"

"아…르……바이트?"

나는 글자를 떠듬떠듬 읽으며 중얼거렸어요.

"아르바이트 마흐트 프라이. '노동이 자유롭게 한다'라는 뜻입니다. 아르바이트는 한국어로 노동, 일이라는 뜻이거든요."

마르크트가 설명해 주었어요.

"아, 아르바이트! 그 말이 독일어였어요?"

"네, 아르바이트는 독일어예요. 한국에서 독일어를 어떻게 일상적으로 사용하게 되었는지 잘 모르겠지만 제2차 세계대전 이후 경제적인 문제로 학교를 그만두는 학생들을 위해 정부와 학교에서 임시 일자리를 만들었어요. 그 사례에서 유래되어 한국에서도 대학생들이 잠시 하는 일을 아르바이트라고 부르게 된 것 같아요. 이곳 아우슈비츠 강제 수용소에 갇힌 사람들은 대부분 민간인이었어요. 유대인과 집시였지요. 그들은 저 글을 보며 노동을 하면 언젠가는 풀려날 것으로 믿었어요. 하지만 나치는 유럽에서 인종 청소를 시작했어요."

"인종 청소가 뭐예요?"

"쉽게 말하면 어떤 인종을 없애 버리는 것이에요. 유대인, 집시, 폴란드인, 슬라브인 등이 여기에 속했어요. 독일에는 경제가 나빠졌을 때에도 부유한 생활을 하는 유대인들이 많았어요. 독일 사람들은 종교와 문화가 다른 유대인이 독일 땅에서 성공해서 잘살고 있는 것에 불만이 많았지요. 지금은 말도 안 되지만 당시에는 많은 사람들이 동조했어요. 나치는 '독일 게르만족의 유전자가 세상에서 가장 우월하다' '유대인과 폴란드인, 집시는 사라져야 한다'라고 주장하고 행동으로 옮겼어요."

"아! 슬픈 이야기네요. 일제 강점기에 일본이 우리 민족을 열등하다며 민족성을 없애려 한 것이랑 비슷해요."

도현 오빠가 씩씩대며 말했어요.

"나치는 일본과도 관련이 있어요. 히틀러는 제2차 세계대전을 일으키기 전에 무솔리니와 군사 동맹을 맺었죠. 무솔리니는 개인보다 민족과 국가를 우선시하며 독재로 나라를 다스리고 밖으로는 다른 나라를 침략했는데 이를 파시즘이라고 해요. 독일과 일본이 무솔리니와 함께했고 제2차 세계대전은 이 세 나라가 일으킨 거예요. 그러니 한국도 파시즘의 피해를 봤다고 할 수 있어요."

"나치가 게르만족의 유전자가 우월하다고 했다는데 게르만족 유전자는 정말 우월해요? 어떤 사람이 게르만족이에요?"

"북유럽이나 독일과 오스트리아, 영국 등지에서 살아온 하얀 피부와 노란 머리색을 가진 백인이에요. 피부가 하얀 건 멜라닌 색소가 없어서 그런 것뿐이에요. 유전자가 우월해서가 아니에요."

입구를 지나자 여러 겹의 철조망이 보였어요. 마지막 철조망 뒤에는 콘크리트 담이 있고 그 위까지 철조망이 쳐져 있었어요. 중간중간 감시 초소가 있어서 누구든 도망가는 건 꿈도 꾸지 못할 것 같았어요.

"저 철조망에는 전기가 흘러서 사람들이 탈출을 시도해도 성공하는 건 힘들었어요."

철조망을 지나자 붉은색 벽돌로 된 이층집이 죽 늘어서 있었어요.

우리는 화살표를 따라 한 건물로 들어갔어요.

건물 안에는 아우슈비츠에서 나온 물건이 전시되어 있었어요. 거대한 신발 더미, 안경, 이름이 쓰인 가방, 의족이나 의수, 아기 옷도 보였어요. 나는 마르크트의 설명을 듣지 않아도 그게 무엇인지 알 수 있었어요.

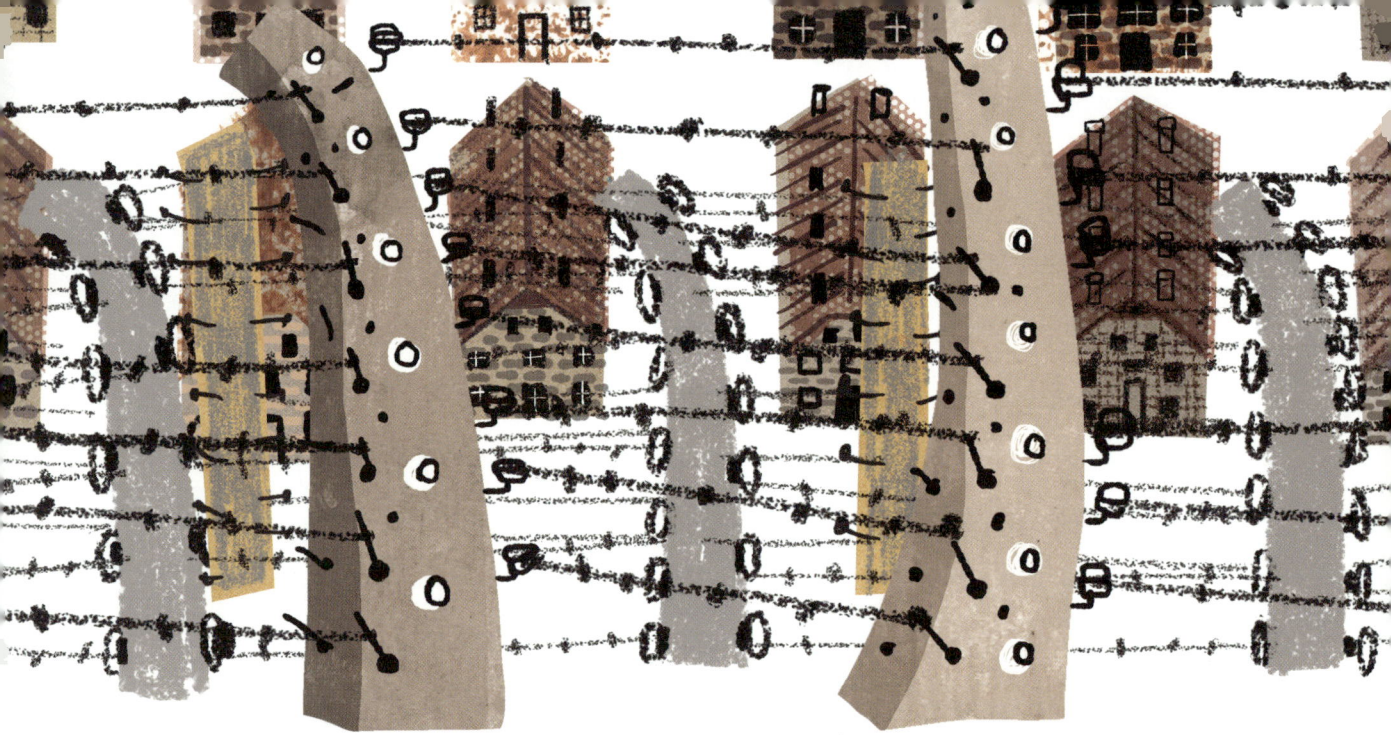

"사람들을 가스실로 보내기 전에 가지고 있던 물건을 모두 빼앗았어요. 그들은 그곳이 어디인지도 모른 채 제 발로 가스실로 들어갔어요."

2층에는 사람들이 생활하던 숙소가 있었는데 바닥에는 지푸라기만 깔려 있었어요. 어떤 방은 자루 같은 거친 천이 깔려 있기도 했어요. 화장실은 칸막이 없이 변기가 주르륵 늘어서 있었어요. 이곳의 생활이 얼마나 비참했을지 상상되었어요.

"나치가 점령한 땅에서는 게토라는 지역을 만들었어요. 높은 담을 쌓고 유대인들만 살도록 했어요. 그러다 강제 수용소를 짓고 게토의 유대인들을 한곳으로 모이게 했는데 그곳이 바로 아우슈비츠예요. 수용소는 1940년부터 1945년까지 운영되었는데 최소 110만

명의 사람들이 이곳에 끌려왔어요. 그중 100만 명이 죽음을 당했으니 이곳에 온 사람들은 대부분 학살당했다고 볼 수 있어요. 아우슈비츠에서는 거동이 불편한 노인과 장애인, 어린아이 등 일할 수 없는 사람과 일할 수 있는 사람을 구분했어요. 일할 수 없는 사람은 가스실로 보냈지요. 매일 힘든 노동을 하고, 잘 먹지 못해서 굶어 죽는 사람들도 많았대요. 겨울철에는 혹독한 추위에 얼어 죽거나 병에 걸려서 제대로 치료받지 못해 죽기도 했어요.”

다른 전시관에는 뼈가 앙상한 사람들의 사진이 걸려 있었어요. 제2차 세계대전이 끝나고 군인들이 아우슈비츠에 도착했을 때 살아남은 사람들의 사진이었어요. 살아남은 사람들조차 이런 모습일 줄은 몰랐어요.

"이곳 바로 옆에는 제2 수용소, 비르케나우 수용소가 있어요. 그곳으로 가 보아요."

우리는 셔틀 버스를 타고 이동했어요. 끝이 보이지 않게 수용소 건물이 펼쳐져 있었어요. 수용소 건물 안에는 나무로 된 3층 침대가 쭉 늘어서 있었어요. 한 건물에서 400명이 지냈대요.

똑같은 모양의 건물을 한참 지나자 가스실이 보였어요.

"이 가스실에서 수없이 많은 사람들이 희생당했어요. 그중 90퍼센트가 유대인이고 7만 명의 폴란드인, 2만 명의 집시 그리고 소련군과 다른 국적의 사람들도 있었어요."

회색빛 가스실은 바깥에서 보기에도 으스스했어요.

건물 위로는 우뚝 솟아 있는 커다란 붉은 굴뚝이 위협적이었어요.

쭈뼛쭈뼛 안으로 들어가자 회색 벽과 시커먼 천장이 보였는데 너무 무서워서 뒷걸음치며 밖으로 나왔어요.

"괜찮아요, 은수? 여긴 끔찍한 곳이에요. 보지 않아도 괜찮아요."

따라온 마르크트가 나를 안심시켰어요.

독일로 갈 시간이 다가와서 우리는 공항으로 갔어요. 가는 내내 오빠와 나는 말이 없었어요. 아기 옷과 어두컴컴한 가스실이 머릿속에 떠올라 기분이 우울했어요. 조용하던 도현 오빠가 말을 꺼냈어요.

"앞으로는 전쟁 게임도 안 할 거야. 전쟁이 이렇게 무서운 줄 몰랐어."

"어린아이들이 가스실로 보내졌다는 게 너무 충격이야."

공항에서 우리를 태운 비행기가 하늘로 떠올랐어요.

"한국에 독일 마을이 있는 거 알아요?"

마르크트가 우리에게 물었어요.

"정말요?"

"한국에서 유학 중일 때 자전거를 타고 전국을 여행한 적이 있어요. 1960~1970년대 한국인들이 독일로 건너와서 간호사와 광부로 취업했어요. 한국은 한국전쟁으로 가난했고 많은 한국 사람들이 돈을 벌기 위해 독일로 왔어요. 독일에 정착한 사람들 중 일부가 수십 년이 지나 한국으로 돌아가서 남해에 모여 살게 된 거예요."

"남해라고 했지요? 한국에 돌아가면 꼭 가 봐야겠어요!"

나는 다음 방학에는 남해로 여행을 가기로 결심했어요.

"독일은 지금도 이민자에 대해서 개방적이에요. 인종 혐오에서 시작된 전쟁의 가해자였던 것을 반성하며 인종 차별에 대한 교육을 철저히 해요. 또 난민 문제 해결에도 적극적이어서 유럽에서 난민을 많이 수용하는 국가이기도 해요."

"우리나라에서도 난민 때문에 한동안 시끄러웠어요. 난민에 대해 어른들은 이야기를 많이 했어요. 우리 엄마는 난민을 받아들이는 것에 찬성이지만 다른 친구 엄마는 반대했대요."

"난민 문제는 독일에서도 논란이 많아요. 매년 정해진 수만큼 난민 신청을 받고 있는데 이것마저도 반대하는 독일 사람들이 점점

더 늘고 있거든요. 원해서 난민이 되는 사람은 없어요. 우리도 나라의 사정에 따라 어느 날 난민이 될 수 있어요. 종교가 다르다거나 인종이 다르다는 이유로 난민을 거부한다면 언젠가 부메랑처럼 돌아올 수 있는 문제예요."

우리는 마침내 독일에 도착했어요.

"힘든 하루였죠? 오늘은 푹 쉬고 내일 베를린을 돌아보도록 해요."

오빠와 나는 제2차 세계대전 때 태어나지 않은 것이 다행이라는 얘기를 나누다 잠이 들었어요.

다음 날 아침, 마르크트가 준비한 독일식 아침을 먹었어요. 프랑스에서는 바게트를 먹었는데 독일에 오니 둥근 갈색 빵과 햄, 치즈가 나왔어요.

아침을 먹은 뒤 버스를 타고 포츠담 광장으로 향했어요. 광장에는 높은 빌딩들이 있어서 현대적인 느낌이었어요.

마르크트가 물었어요.

"1945년에 한국에서 어떤 큰일이 있었죠?"

"8월 15일 광복요!"

내가 얼른 대답했어요.

"제2차 세계대전은 미국이 일본에 핵폭탄을 떨어뜨리면서 일본의 무조건적인 항복으로 끝이 났어요. 유럽은 1945년 5월 8일 독일이 연합군에 항복하면서 끝났죠. 연합군인 영국, 프랑스, 소련, 미국은 전쟁을 일으킨 독일을 나누어 관리하기로 했어요. 그리고 일 년 뒤 1946년, 미국과 영국, 프랑스가 관리하는 지역이 통합되는 한편 매번 의견이 대립되던 소련의 관리 지역이 따로 나뉘게 되었어요. 동독과 서독으로 나뉜 것이죠. 서로 다른 정치와 경제 체제로 두 나라의 차이는 점점 심해졌어요. 동독에서 서독으로 탈출하는 사람들도 늘어났죠."

"어? 가만 생각해 보니 우리나라와 북한 이야기 같아요. 우리나라도 미국과 소련에 의해 남과 북으로 나뉘어서 정치와 경제가 달라졌잖아요."

"맞아요, 독일이 통일되었을 때 한국 사람들은 느낌이 남달랐을 거예요. 특히 북한에 친척이나 가족이 있는 사람들은 통일된 독일처럼 남한과 북한도 곧 통일될 거라고 생각하지 않았을까요? 물론 아직 이루어지지 않았지만요."

"우리나라도 독일처럼 통일이 된다면 어떻게 될지 궁금해요."

"아마 더 평화로운 나라가 되지 않을까요?"

오빠와 나는 서로 고개를 끄덕였어요.

"1961년 동독은 시민들이 다른 나라로 가지 못하게 베를린 장벽을 세웠어요. 초기에는 철조망과 가름막 정도여서 사람들이 평소대로 다녔다고 해요. 하지만 이동하다가 총에 맞아 사망하는 사람이 생겨나고 콘크리트 벽이 만들어지자 전과 다르게 왕래하지 못하게 되었지요. 이 벽이 동독과 서독을 가르던 벽이에요."

마르크트는 낙서가 가득한 벽을 가리켰어요. 주변 건물들과는 너무 달랐어요.

"이게 베를린 장벽이에요?"

"네, 베를린 장벽은 총 43킬로미터로 높이 3.6미터, 폭은 넓은 곳이 1.2미터나 되었어요. 116개의 감시탑이 있었고, 서독과 동독을 왕래할 수 있는 여섯 곳의 검문소가 있었어요. 그중 C 검문소를 체크포인트 찰리라고 불렀어요."

"왜 찰리예요? 사람 이름 같아요."

"아, ABC를 구분하고 쉽게 알아듣기 위해 그러는 거예요. 전화 통화할 때 잘 안 들리면 우체통의 '우'라고 하는 것처럼 찰리의 'C'인 거죠. 체크포인트 찰리는 일반인이 아닌 군인, 외교관, 기자 들이 다니던 곳이에요. 이 근처에서 큰 사건이 일어났어요. 1962년에 동독에서 서독으로 탈출하던 페터 페히터라는 소년이 동독 군인이 쏜 총을 맞고 쓰러졌어요. 하지만 아무도 도와주지 않았어요."

"죽어 가는 사람을 그냥 두었다고요?"

"네, 그냥 그렇게 두었어요. 겨우 열여덟 살이었는데 말이죠. 서독 쪽에서 할 수 있는 일은 붕대를 던져 주는 것뿐이었어요. 소년은 동독 쪽에 쓰러졌거든요. 결국 살려 달라고 외치며 죽어 갔어요. 이 사건이 전 세계에 알려지자 사람들은 충격을 받았어요. 베를린 장벽이 생긴 이후로 5,000여 명이 탈출을 시도해 100~200명 정도가 목숨을 잃었어요. 동독 사람들은 경제 상황이 좋아지는 서독으로 가길 원했어요. 그들은 헝가리와 체코슬로바키아를 통해 서독으로 탈출했어요. 불만이 쌓여 가던 동독 사람들은 시위를 일으켰고 결국 동독의 최고 지도자가 스스로 물러났답니다. 시민들은 직접 망치와 곡괭이로 담을 부수기 시작했어요. 공식적인 철거는 1990년에 이루어졌어요."

한국에 있을 때는 통일에 대해 깊게 생각해 본 적이 없는데 독일의 통일에 대한 얘기를 듣고 나니 가슴이 뭉클했어요.

우리는 체크포인트 찰리로 갔어요. 베를린 장벽이 남아 있는 길을 따라가며 부서진 흔적과 낙서를 볼 수 있었어요. 도현 오빠는 총알 자국을 발견하기도 했어요.

체크포인트 찰리에는 기념사진을 찍으려는 사람들로 긴 줄이 늘어서 있었어요.

독일 소년이 죽어 가던 곳에서 지금은 관광객들이 활짝 웃고 있었어요. 이곳이 과거에는 공포의 장소였다는 게 믿어지지 않았어요.

마르크트는 마지막 장소로 우리를 안내했어요. 그곳은 홀로코스트 메모리얼 파크로 학살된 유대인을 기억하는 추모 공원이에요. 직사각형의 콘크리트를 다양한 크기로 만들어 세웠는데 마치 미로 같았어요.

"콘크리트 비석은 총 2,711개로 넓은 공원에 세워져 있어요. 독일은 과거 잘못을 사과하며 희생된 사람들을 추모하고 있죠. 학교에서는 평화에 대해 철저히 교육하고 있어요. 다시는 같은 일이 반복되지 않게요. 그리고 인종 차별에 대해서도요. 그런데 한국도 인종 차별이 심한 나라라는 거 알고 있나요?"

"네? 우리나라가요? 말도 안 돼요."

"한국에서 유학할 때 우리 학교에는 다양한 인종의 학생들이 있었어요. 나와 같은 백인도 있었지만 동남아시아나 아프리카에서 온 친구들, 이집트나 터키에서 온 무슬림들도 있었는데 백인을 제외한 나머지 사람들은 모두 인종 차별을 경험했대요. 나도 듣고 놀랐어요."

"정말요? 나는 그런 적 없어요."

오빠가 말했어요.

"피부색으로 차별하는 것은 독일 나치가 아우슈비츠에서 벌인 일과 같은 거예요. 다른 인종에 대한 혐오와 차별이 아우슈비츠 학살의 시작이었다는 걸 기억하고 한국도 독일의 역사를 교훈으로 삼

앉으면 좋겠어요."

마르크트는 우리를 흑백 사진이 걸린 쪽으로 안내했어요.

"이 사진은 1970년 서독의 빌리 브란트 총리가 폴란드 바르샤바를 방문했을 때 찍은 사진이에요. 제2차 세계대전에 희생된 유대인을 기리는 추모비 앞에서 무릎을 꿇고 사죄한 사진으로 유명하죠."

"일제 강점기 때 한국인들이 많은 희생을 당했지만 일본은 잘못했다고 생각하지 않는 것 같아요. 강제로 끌려가서 힘든 일을 한 사람들이나 위안부 할머니들에게 사과하지 않고 있거든요."

오빠는 주먹을 불끈 쥐며 말했어요.

텔레비전에서 위안부 할머니들의 소식을 들은 것이 생각났어요.

"엄마는 위안부 할머니들이 일본의 사과를 받지 못한 채 돌아가셨다며 슬퍼했어요."

"독일은 전쟁을 일으키고 사람들을 학살한 것에 대해 깊이 반성하며 반인종주의와 세계 평화를 위해 노력하고 있어요. 지금은 성실하고 근검절약하는 국민성을 바탕으로 유럽의 경제 대국으로 성장했어요."

순간 오빠의 배에서 꼬르륵 소리가 났어요. 마르크트와 나는 웃었어요.

"미안해요, 여기저기 돌아다니느라 미처 식사 시간을 생각하지 못했어요. 배가 고플 시간이네요. 우리 학교의 식당에 가서 감자와 소시지를 맛보는 건 어때요?"

"좋아요! 독일 소시지를 먹어 보고 싶었어요. 빨리 가요!"

오빠와 나는 신이 나서 외쳤어요.

"점심을 먹고 우리 학교를 소개해 줄게요. 아까 체크포인트 찰리에서 걸어온 만큼 또 걸어가야 해요."

"아! 너무해요. 마르크트! 우리 버스 타고 가요."

마르크트가 알려 주는
독일 이야기

나는 대학에서 한국학을 공부하고 있는
마르크트라고 해요.
서울의 대학교로 교환학생을 갔다가
은수 엄마와 친해지게 되었어요.
한국학을 공부하면서 동독과 서독으로 나뉘었던 독일과 남한과
북한으로 나뉜 한국의 역사를 비교하게 되었지요.
통일이 된 독일처럼 한국도 하나가 되면 좋겠습니다.
이제부터 독일에 대해 알려 줄게요.

자본주의 vs 공산주의

제1차 세계대전이 일어난 무렵은 자본주의에 대해 사람들의 논의가 활발할 때였어요. 그동안 유럽은 산업혁명으로 풍요롭고 잘살게 되었는데 문제는 잘살던 사람들은 더욱 부자가 되고, 가난한 사람들은 아무리 일해도 비참한 삶에서 벗어날 수가 없다는 것이었죠. 일하는 사람들을 위한 평등한 세상을 꿈꿨어요. 그게 바로 공산주의의 시작이에요. 공산주의는 재산을 공동으로 소유하고 분배하는 시스템을 가지고 있어요.

우리는 자본주의 사회에 살고 있어요. 자본주의는 개인이 자신의 이익을 위해 물건을 사고팔고 경쟁하는 체제예요.

제1차 세계대전 중인 1917년 러시아에서는 레닌의 볼셰비키 당이 이끈 혁명이 일어나 1922년에 세계 최초의 공산주의 국가인 소비에트 사회주의 공화국이 탄생했어요. 국기는 붉은색으로 낫과 망치가 그려져 있었답니다. 이것은 노동자 중심의 국가를 만들고자 한 의지를 담고 있어요. 이후 공산주의 국가들은 점차 늘어났죠.

제2차 세계대전 이후에는 자본주의와 공산주의가 대립했어요. 이념의 대립과 경쟁, 그리고 단절의 시대를 냉전 시대라고 불러요. 전쟁 무기를 경쟁적으로 생산하고, 우주 과학 기술을 발전시키며 달에 사람을 보내는 것까지 경쟁했어요.

동독과 서독이 나뉜 것도 이러한 냉전 시대의 모습을 보여 주는 대표적인 사례예요. 영국·프랑스·미국은 자본주의 진영에서, 소련은 사회주의 진영에서 서로 대립하다가 독일이 동독과 서독으로 나뉘거든요. 최초의 공산 국가인 소비에트 사회주의 공화국, 소련은 1991년에 사라졌어요. 현재 남아 있는 공산주의 국가는 중국, 라오스, 베트남, 쿠바, 북한이에요. 이 국가들도 부분적으로는 개인의 재산을 인정하고 경제 체제에 자본주의의 장점을 적용하고 있어요.

소비에트 공화국을 나타내는 낫과 망치, 노동자 그리고 미국과 우주경쟁을 했던 소비에트 공화국의 우주인이 그려진 포스터

네덜란드

마르크트와의 마지막 날이에요. 우리는 아침 일찍 베를린 중앙역으로 갔어요. 독일에서는 중앙역을 하우프트반호프라고 불러요. 독일어는 단어 하나가 무척 길어요.

다음으로 갈 곳은 네덜란드의 수도 암스테르담이에요.

마르크트가 독일 소시지가 들어간 샌드위치를 주며 말했어요.

"여기가 도현과 은수의 자리예요. 독일-네덜란드 구간에서 어린이들은 반드시 성인과 함께 타야 해요. 암스테르담에 도착할 때까지 아델 할머니가 여러분의 보호자가 되어 줄 거예요."

"구텐 모르겐 킨더."

할머니가 웃으며 인사했어요.

"구텐 모르겐 아델."

나도 독일어로 인사했어요. 마르크트에게 틈틈이 독일어를 배운 덕에 인사말은 누워서 떡 먹기였어요.

창밖 풍경도 보고 책도 읽고 그림을 그리다 보니 암스테르담 역에 도착했어요. 기차에서 내리자 덥수룩한 수염의 한 남자가 다가왔어요.

"할로, 도현과 은수?"

"혹시 히딩크 아저씨?"

아델 할머니는 히딩크 아저씨와 잠시 이야기를 나누더니 곧 우리에게 "츄스"라고 작별 인사를 했어요. 나도 할머니에게 "츄스" 하고 인사했어요.

"안녕, 내 이름은 히딩크. 한국말을 잘 못해요. 영어 더 잘해요."

도현 오빠가 영어로 이야기하고 내게 전달해 주었어요.

"히딩크는 암스테르담 시내에서 꽃 가게를 하고 있대. 꽃 가게에 짐을 놓고 멋진 곳을 보여 주겠대."

우리는 자전거 택시를 탔어요. 처음 타는 자전거 택시가 신기했어요. 우리 셋이 올라타고 짐까지 실었는데 자전거가 움직일 수 있을지 걱정됐어요.

"우아! 간다 간다!"

자전거는 처음에 천천히 움직이다가 점차 속력을 높였어요. 숙숙

페달 밟는 소리가 울리고 바람이 일어 머리칼이 살랑살랑 움직였어요.

많은 사람들이 자전거를 타고 있었어요. 정말 어마어마한 광경이었어요.

"오빠, 자전거 탄 사람들이 왜 이리 많나 물어봐."

오빠가 영어로 질문하고 통역해 줬어요.

"암스테르담은 바다를 흙으로 메워 만든 땅이어서 평평한 게 특징이래. 평평해서 자전거 타기에 좋고 환경 보호에도 좋아서 사람들이 자전거를 많이 탄대. 출퇴근 시간이 되면 차보다 자전거가 더 많대."

"자전거, 네덜란드 사람보다
1.3배 더 많아요."
히딩크가 덧붙였어요.
 자전거 도로에서 자전거가 쌩쌩 달리고 있었어요. 자전거를 탄 사람들은 교차로에서 오른팔이나 왼팔을 쭉 뻗어서 오른쪽으로 갈지, 왼쪽으로 갈지 뒤에 오는 차와 자전거에게 미리 신호를 줬어요.

신기한 모양의 자전거도 많았어요. 아기들은 자전거 앞이나 뒤에 타거나 두 명의 아이가 운전석 앞뒤로 타기도 했어요.

자전거 택시는 곧 꽃 시장에 도착했어요.

"여기 수상 꽃 시장."

"수상 꽃 시장, 아하! 물에 떠 있는 꽃 시장이라는 말이구나."

빨간 튤립, 하얀 튤립, 여러 색이 섞인 튤립, 검은 튤립까지 꽃 시장에는 튤립이 가득했어요.

우리는 다시 자전거 택시를 타고 달렸어요. 운하를 따라가다 보니 어느새 바다가 나타나고 저 멀리 특이한 건물이 보였어요. 기울어진 배 모양으로 전망대까지 계단으로 연결되어 있고 그곳에 사람들이 앉아 있었어요. 아이들은 계단을 따라 흘러내리는 물에서 놀고 있었어요.

히딩크는 서둘러 우리를 건물 안으로 안내했어요.

"히딩크, 여기가 어디에요?"

"여기, 네모 사이언스 뮤지엄. 한 시간 뒤에 문 닫아요."

"아, 과학 박물관이구나."

박물관 안에는 어린이들로 가득했어요.

"오빠, 히딩크가 우리에게 여기를 꼭 보여 주고 싶었나 봐."

네모 과학 박물관은 다양한 과학 체험을 할 수 있는 시설이 많았어요. 비눗방울 놀이도 할 수 있고 재밌는 모양의 도르래로 무거운 물건을 들어 올려 보기도 했어요. 오빠와 이것저것 체험하면서 돌아보았더니 어느새 바깥으로 나오는 문이었어요. 문을 열자 전망대가 있는 건물의 꼭대기였어요.

"도현과 은수, 컴 히어, 여기 앉아."

히딩크가 앉은 곳은 암스테르담 시내가 훤히 내려다보였어요.

어느새 해가 지며 하늘이 빨갛게 물들었어요. 교회의 뾰족한 첨탑과 장난감 같은 귀여운 집들, 암스테르담 곳곳을 잇는 운하는 아름다운 풍경을 만들었어요.

다음 날 아침, 잠에서 깨어 집 안을 둘러 보았어요. 오빠와 나뿐이었고 히딩크가 보이지 않았어요. 식탁 위에 '도현과 은수 아침'이라는 메모가 있었어요. 빵과 치즈, 햄이랑 우유였어요. 특히 치즈 종류가 여러 가지고 맛있었어요.

아침을 다 먹고 씻자 히딩크가 돌아왔어요.

"할로! 도현과 은수! 후덴모르헨! 오늘 바빠요. 두 사람의 자전거를 준비했어요."

"자전거? 우리도 암스테르담에서 자전거를 탈 거라니!"

나는 히딩크에게 헬멧을 받아 쓰고 자전거에 앉았어요. 왼쪽으로 돌 때는 왼팔을 뻗고 오른쪽으로 돌 때는 오른팔을 뻗는 수신호도 익혔어요.

히딩크가 가장 앞에, 그다음이 나, 맨 뒤에 오빠가 따라오기로 했어요. 나는 정말 신이 났어요. 처음에는 정신이 없었지만 곧 자전거

 타기에 익숙해지자 주변 풍경이 눈에 들어왔어요.

암스테르담의 집들은 정말 귀여웠어요. 특이한 점은 이곳의 집들은 다른 집과 간격이 없이 다닥다닥 붙어 있었어요. 집마다 예쁜 색으로 칠해져 있어 장난감 집을 크게 만들어 놓은 것 같았어요.

"히딩크, 집들이 왜 서로 붙어 있고 폭이 좁아요?"

"세금, 비싸요."

히딩크는 서툴게 우리말을 하고 오빠에게 통역을 부탁했어요.

"17세기 암스테르담은 해상 무역이 활발한 도시여서 사람들이 많이 모였대. 도시는 작은데 많은 사람들이 살게 되니까 큰 집에 사

는 사람에게 세금을 많이 내라고 했대. 그래서 세금을 조금 내기 위해서 집과 집 사이를 붙이고 폭을 좁게 한 거래."

히딩크는 자전거를 어떤 집 앞에 세웠어요. 나도 따라 멈췄어요.

"이 집, 폭 1미터."

히딩크가 양팔을 벌려 1미터가 어느 정도인지 보여 주었어요.

"1미터면 내 키보다도 작잖아. 이 집에서는 사람이 어떻게 자요?"

질문을 듣자 히딩크는 자기 몸을 웅크려 자는 시늉을 했어요. 내가 눈을 휘둥그레 뜨자 농담이라고 말하며 웃었어요. 오빠는 히딩크랑 이야기하더니 고개를 끄덕이며 말했어요.

"앞에서 보기에 폭은 좁지만 안으로 들어가면 깊이가 4~5미터 된대. 침대랑 식탁도 놓을 공간이 있어 좁기는 하지만 생활이 가능하대."

옛날에는 커튼 길이에 따라 세금을 걷는 커튼세, 계단의 층수에 따라 세금을 걷는 계단세도 있었다고 해요. 지금은 그런 세금을 걷지 않는대요.

다시 자전거를 타고 운하를 따라 달렸어요. 한참을 달려 도착한 곳은 렘브란트의 집이었어요. 대문은 초록색이고 창문이 네 개씩 있는 3층짜리 집이에요.

입장권을 사서 집 안으로 들어갔어요. 히딩크는 안에 있는 한 사람과 반갑게 인사하고 우리에게 소개했어요.

"안녕하세요, 히딩크 여자 친구 연수라고 해요. 네덜란드에서 건축과 미술을 공부하고 있어요. 히딩크가 렘브란트에 대해 설명을 부탁해서 잠깐 나오게 되었어요."

"렘브란트는 부자였지요? 아까 히딩크가 세금에 대해 말해 줬는데 집을 보니 부자인 것 같아요."

"맞을 수도 있고 아닐 수도 있어요."

"그게 무슨 말이에요?"

"17세기 암스테르담은 무역 도시로 유명했어요. 사람들은 암스테르담으로 모여들었고 부자가 된 사람들이 많아졌어요. 그들은 자신과 가족들의 모습을 그림으로 남기고 싶어 했어요. 당시엔 카메라가 없었으니 얼굴을 남기는 방법은 그림뿐이었어요. 그전에는 주로 종교인이나 왕족들이 초상화를 그렸는데 이때부터 돈이 많은 사람들도 초상화를 가질 수 있게 되었어요. 렘브란트가 부자가 된 것도 바로 이 시기에 초상화를 그렸기 때문이에요. 오늘날 렘브란트의 대표작은 〈야경〉이지만 당시 의뢰인들은 그 그림을 좋아하지 않았어요. 결국 렘브란트는 파산하고 다른 집으로 이사해야 했어요. 이 집은 암스테르담 시에서 구입해서 당시의 자료를 참고해 꾸며 놓은 거예요."

우리는 렘브란트의 집을 둘러보았어요. 지하는 요리와 빨래를 하는 장소, 1층과 3층은 침실과 거실이 있는 생활 공간, 2층엔 그림을 그리던 아틀리에가 있었어요. 아틀리에에서는 자연에서 얻은 재료로 색색의 물감을 만드는 방법을 설명해 주는 시간이 있었어요.

렘브란트의 집을 나와 그의 그림을 볼 수 있는 암스테르담 국립미술관으로 갔어요. 미술관 안을 돌아다니다가 우리는 어느 그림 앞에 멈춰 섰어요.

"이 그림이 바로 〈야경〉이에요. 우리가 들렀던 렘브란트의 집에서 그린 그림이죠. 원래 제목은 〈프란스 배닝 코크 대위의 민간 경비대〉예요. 은수와 도현, 야경이 무슨 뜻인지 알아요?"

"밤의 경치를 야경이라고 하잖아요. 그 뜻 아니에요?"

오빠가 말했어요.

"영어로 Night Watch라고 쓰는데 야간 경계를 뜻해요. 밤에 방화나 절도 같은 범죄가 일어나지 않도록 돌아본다는 말이에요."

"아, 그럼 이 사람들이 시민 경찰 같은 건가요?"

"비슷해요. 17세기에는 도시 인구가 급격하게 늘었어요. 민간 경비대는 군인이 아닌 일반인들이 모여 만든 것인데 중산층 남자들로 구성되었어요. 그림 속 인물들은 모두 실제 사람들이에요. 자세히 보면 이곳에 렘브란트도 있어요."

"어디요? 어디?"

나는 눈을 크게 뜨고 찾아보았지만 렘브란트가 누구인지 알 수 없었어요.

"발견하기 어렵지요? 렘브란트는 프란스 배닝 코크 대위 뒤편 왼쪽에 있어요. 아주 작게, 한쪽 눈만 보이게 자신의 얼굴도 그려 넣었어요. 화가들만의 특권이랄까요? 화가들은 종종 이렇게 자신의 얼굴을 넣어요."

"그럼 이 여자아이는 누구예요? 여기 죽은 닭을 허리에 대롱대롱 매단 여자아이요."

"오, 잘 찾았어요. 이 여자아이한테만 이상하게 빛이 가득하지요? 이 아이는 가상의 인물이에요. 빛을 쏘아 환하게 보이게 해서 다른 사람들과 차이를 뒀죠. 허리춤의 닭은 민병대를 상징해요. 렘브란트는 빛의 화가라 불려요. 빛을 잘 활용하는 화가였죠. 아, 그림 하나를 더 보여 줄게요. 이곳 말고 헤이그의 마우리츠하이스 미술관에 전시된 그림인데 렘브란트를 유명하게 해 준 단체 초상화예요."

핸드폰 속 그림에는 한 남자가 옷을 벗고 누워 있었어요. 그리고 그의 주위로 검은 옷을 입은 사람들이 둘러서 있었어요.

"이 그림은 1632년에 그린 〈툴프 박사의 해부학 강의〉예요."

"옷을 벗고 누워 있는 사람이 죽은 사람이에요?"

나는 깜짝 놀랐어요. 가만히 보니 누워 있는 사람의 팔이 해부되어 있었어요.

"왜 이런 그림을 그린 거예요?"

"이 그림은 외과 의사 길드에서 주문한 단체 초상화예요. 길드란 같은 일을 하는 동업자 조합을 말해요. 보통 초상화라고 하면 사람들이 정면을 응시하는 모습으로 그리는데 이 그림은 달랐어요. 툴프 박사가 해부하고 있고 주변에는 외과 의사들이 이를 지켜보는 독특한 구도예요. 새로운 시도였죠. 덕분에 렘브란트에게 일이 많이 들어오는 계기가 되었어요."

"지금도 놀러 가면 단체 사진을 찍고 졸업하면 졸업 사진을 찍고 아기가 태어나면 아기 사진을 찍잖아요. 옛날이나 지금이나 기록을 남기고 싶은 마음은 똑같은 것 같아요. 그런 의미에서 우리도 같이 사진을 찍어요."

오빠의 말에 우리는 다 같이 웃으며 사진을 찍었어요.

국립 미술관을 나와 조금 걸으니 반 고흐 미술관이 보였어요. 네덜란드는 뛰어난 화가들이 많은 나라인 것 같아요.

반 고흐 미술관 앞에서 어마어마하게 긴 줄을 보자마자 숨이 막했어요.

"우리도 저 줄에 서야 하는 건 아니겠죠?"

슬픈 얼굴로 연수 언니를 쳐다보자 언니가 웃으며 말했어요.

"입장 시간을 미리 예약해 놓아서 오래 기다리지 않을 거예요. 그리고 나는 수업 때문에 이만 가 봐야 해요. 반 고흐 미술관은 한국어 오디오 가이드가 있어서 내가 이야기해 주는 것보다 훨씬 더 자세하고 재미있는 설명을 들을 수 있을 거예요. 고흐의 작품은 세계 곳곳의 미술관에서 볼 수 있지만 가장 많은 작품이 있는 미술관이 바로 이곳이에요. 사진 촬영이 금지되니 주의하고요. 고흐의 그림을 충분히 보고 느끼도록 해요. 그럼 나는 가 볼게요."

연수 언니는 우리에게 인사를 한 다음 자전거를 타고 사라졌어요.

우리는 오디오 가이드를 들고 히딩크를 따라 미술관 한 층 한 층을 차례로 구경했어요.

반 고흐는 스물일곱 살에 그림을 그리기 시작했고 서른일곱 살에 자살로 생을 마감했어요. 십 년 동안 870여 점에 달하는 많은 작품을 남겼대요. 반 고흐는 정말 그림 그리기를 좋아한 화가인 것 같아요.

초기 작품인 〈감자를 먹는 사람들〉 프랑스 아를에서 그린 〈노란 집〉〈해바라기〉〈노란 방〉 그리고 자살하기 직전에 그렸다는 〈까마귀 나는 밀밭〉까지 모두 한곳에서 볼 수 있어요.

다음 날 아침, 우리는 팬케이크를 먹으러 갔어요. 이곳의 팬케이크는 도톰하지 않고 얇은 편인데 종이처럼 아주 얇지는 않은 두께예요. 베이컨, 치즈, 사과 등이 올라가 있어서 마치 피자 같은 팬케이크였어요.

나는 고운 설탕 가루와 시럽을 듬뿍 뿌렸어요. 네덜란드에서는 팬케이크를 파넨코켄이라고 부른대요.

우리는 폭신하고 작은 포펄쳐도 먹었어요. 위에 고운 설탕 가루와 시럽, 버터와 휘핑크림이 올려져 있고 맛은 팬케이크와 비슷했어요. 히딩크는 한 가지 비밀이 있다며 알려 줬어요.

"일본의 타코야끼가 네덜란드의 포펄쳐로부터 왔어요."

히딩크는 주방을 가리켰어요. 포펄쳐를 굽는 판이 타코야끼 판이랑 비슷하게 생긴 게 보였어요.

"네덜란드의 것이 일본으로 가서 타코야끼의 불판이 되고 다시 우리나라의 붕어빵이 된 것인가?"

나는 중얼거렸어요.

일본은 네덜란드와 무역을 했대요. 일본으로 향하던 배가 난파해서 선원들이 제주도에 불시착한 경우가 종종 있었대요. 그때 선원 중 한 사람이 우리나라에 귀화해 살았는데 그 이름이 박연이에요. 우리나라 최초의 외국인 귀화자가 네덜란드 사람이었던 거죠. 하멜이라는 사람도 일본에 가려다가 제주도에 난파해 조선 땅에서 살았어요.

〈하멜 표류기〉는 조선을 탈출한 후 쓴 책이에요.

아침을 배부르게 먹고 잔세스칸스로 향했어요. 잔세스칸스는 풍차와 나막신 공장, 치즈 공장, 쿠키 공장이 있다고 해서 기대했어요.

버스를 타고 한 시간 정도 걸려 도착했어요. 잔잔한 물가에 풍차가 빙글빙글 돌고 너른 풀밭에 양들이 노니는 풍경에 감탄사가 절로 나왔어요.

"오빠, 우리 풍차 보러 가자!"

우리는 물감을 만드는 풍차에 갔어요.

풍차 안에는 커다란 돌바퀴가 돌고 있었어요. 풍차가 돌아가는 힘으로 이 돌이 돌면서 뭐든 작게 빻을 수 있어요. 원료가 될 돌을 깨서 돌바퀴가 지나가는 곳에 넣어 두면 두 개의 돌이 굴러가며 고운 가루가 될 때까지 빻아요. 그 뒤에 붉은색, 파란색, 노란색 등 염료와 섞어 물감 덩어리를 만들어요. 옛날에는 이렇게 힘든 과정을 거쳐 물감이 만들어졌대요.

계단을 따라 2층으로 올라갔어요. 그곳에서는 잔세스칸스의 풍경이 한눈에 들어왔어요. 저 멀리 수평선과 지평선 끝까지 평평한 모습이 잘 보였어요.

히딩크는 오빠에게 풍차에 대해 한참 이야기해 주었어요.

"방금 엄청난 걸 들었어. 원래 풍차는 네덜란드에서 만들어진 것이 아니래!"

"정말? 그럼 어느 나라에서 만들어진 거야?"

"7세기에 페르시아에서 처음 만들어졌대. 풍차는 11세기 십자군 전쟁 때 유럽에 전해져 곡식을 빻거나 기름을 짜는 일을 했지만 네덜란드에서는 바다를 메워 땅을 만들 때 바닷물을 빼내는 용도로 쓰였대. 가장 많이 이용되었을 때는 풍차가 만 개나 되었대."

백 개도 아닌 만 개의 풍차가 돌고 있는 모습을 상상하니 어마어마했어요.

"19세기에 증기 기관이 발명된 후에 풍차는 점점 사라지게 되었대. 잔세스칸스의 풍차도 대부분 사라진 것을 다시 만든 거래."

우리는 풍차를 돌아보고 치즈 공장으로 갔어요. 네덜란드 전통 옷을 입은 사람이 치즈 만드는 방법을 보여 줬어요. 오빠가 듣고 귓속말로 이야기해 주었어요.

"우유를 발효시켜서 덩어리로 만든 뒤에 소금물에 담궈 단단하게 만들고 다시 왁스로 코팅한 뒤 짧게는 4~6주 길게는 몇 년씩 숙성시켜서 치즈를 만든대. 치즈를 통통 두드려 소리를 듣고 잘 숙성되었는지 알 수 있대."

한국의 슈퍼마켓에서 보는 치즈와는 비교할 수 없었어요. 단단한 치즈, 부드러운 치즈, 구멍이 뚫린 치즈, 안에 무언가를 넣은 치즈 등 수십 가지 치즈를 맛볼 수 있었어요.

네덜란드의 치즈는 다른 나라에서도 인기가 많아서 17~18세기 무역업이 왕성할 때는 멀리 필리핀과 남미까지 수출되기도 했대요.

나는 가장 맛있는 치즈와 치즈를 얇게 자르는 칼을 구입했어요. 엄마에게 선물하면 좋아할 것 같았어요.

치즈 공장을 나와 나막신 공장으로 향했어요. 공장 안에는 나무 향기가 가득했어요. 네모난 나무토막으로 나막신 만드는 법을 설명

하는데 갑자기 '물푸레나무'라고 해서 깜짝 놀랐어요. 가만히 보니 기둥에 한국어와 각 나라 언어로 물푸레나무라 쓰여 있었어요. 물푸레나무는 가볍고 물에 잘 썩지 않아서 신발로 만들기 좋은 재료래요. 홍수가 자주 일어나는 네덜란드에서는 가죽이나 천으로 된 신발보다 나막신이 더 실용적이었대요. 직원은 나무토막을 다듬기 시작했어요. 순식간에 뚝딱 신발 하나가 만들어졌어요. 나는 진열대에 있는 신발을

꺼내 신어 보았어요. 물푸레나무가 가볍다고 했는데 막상 신어 보니 무겁고 딱딱해서 발이 아팠어요. 옛날 네덜란드 사람들은 이 신발을 신고 일까지 했다는 게 믿어지지 않았어요.

나막신 공장 밖에는 거인들이 신을 만한 커다란 나막신 모형이 있었어요. 우리는 나막신 안에 들어가 발 냄새가 난다는 듯 코를 잡고 사진을 찍었어요. 이런 모습에 히딩크는 엄지를 척 올려 보였어요.

온통 물로 둘러싸인 잔세스칸스는 평화롭고 조용했어요. 히딩크는 우리를 잔세스칸스 한쪽에 있는 커다란 건물로 안내했어요. 그 건물은 잔센스칸스가 있는 잔 지역의 역사를 볼 수 있는 박물관이었어요. 안에는 풍차를 이용해 카카오와 땅콩, 곡식을 빻는 도구들이 전시되어 있었어요.

"초콜릿은 카카오로 만듭니다."

히딩크는 오빠에게 영어로 설명했어요.

"19세기 초에 카카오 콩이 수입되면서 잔 지역에 가장 큰 카카오 공장이 생겼대. 카카오를 가루로 만들어 초콜릿이나 쿠키 원료로 수출했대. 지금도 잔에 큰 공장이 남아 있대."

풍차가 카카오 가루를 만들고, 기름을 짜고, 종이를 만들고, 곡물을 빻아 시리얼을 만들고, 푸딩까지 만들었다는 게 마법 같았어요. 왜 네덜란드가 풍차의 나라로 유명해졌는지 이해됐어요. 박물관과 연결된 건물에서는 과자 공장을 견학할 수 있게 해 놓았어요. 베르카데라는 과자 회사의 공장에서는 쿠키와 초콜릿을 만드는 과정을 볼 수 있었어요.

　공장을 나오며 베르카데에서 만든 다양한 쿠키를 맛봤어요. 고소하고 달콤한 쿠키의 맛에 기분이 좋아졌어요.

　내가 초콜릿을 못 먹었다고 아쉬워하자 히딩크가 암스테르담으로 돌아가는 길에 카카오 파우더 공장이 있는 잔에 들르기로 했어요. 잔은 기차역에서 내리면 온통 카카오 파우더 향이 나는 도시라서 좋아할 거라고 말했어요.

히딩크가 알려 주는
네덜란드 이야기

안녕하십니까. 히딩크입니다.
나는 축구를 좋아하기는 하지만 축구 감독 히딩크와는 관련이 없습니다.
나의 조상은 렘브란트의 바로 옆집에 살아 대대로 렘브란트에 대한 이야기를 들으면서 자랐습니다. 지금은 내가 렘브란트 튤립을 팔고 있으니 아주 깊은 인연이라고 할 수 있답니다.
네덜란드의 흥미로운 이야기를 들려주겠습니다.

네덜란드의 황금시대

중세 시대 네덜란드는 스페인의 지배를 받았습니다. 가톨릭을 믿는 스페인 왕이 신교도들을 탄압하고 세금을 많이 걷는 등 가혹한 통치를 하자 네덜란드인들은 오렌지 가문의 윌리엄 공을 중심으로 독립 투쟁을 벌였고 1581년 독립을 선언했어요. 이후 유럽의 신교와 구교 간에 30년 전쟁이 벌어져 1648년에 완전히 독립하게 되었답니다. 독립한 네덜란드는 선박업과 무역업을 주로 했는데 스페인 입항이 금지되자 아시아와 대서양과의 무역으로 눈을 돌렸어요. 17세기 네덜란드는 유럽에서 가장 큰 해상 왕국이 되었어요. 31명의 선주들이 자금을 투자

해 만든 최초의 주식회사도 바로 암스테르담에서 시작했답니다. 이 때를 네덜란드의 황금시대라고 불러요. 인도네시아 자바 섬에 동인도회사를, 아프리카 서부와 아메리카 무역을 위해 서인도회사를 세우면서 식민지 무역과 노예 무역으로 부를 쌓아 갔어요. 또한 세계 최초의 증권 거래소를 만들어 금융업을 발달시켰어요. 암스테르담은 당시 세계 최대의 상업 도시이자 금융 중심지로 발전하게 됩니다.

돈이 모이자 부유해진 상인들은 자신이 속한 조합(길드) 사람들과 가족들의 초상화를 그리기 시작했고 이것이 유행이 되었어요.

17세기 세계 최초 네덜란드 암스테르담의 증권 거래소

스우웨덴

　오늘은 스웨덴으로 떠나는 날이에요. 히딩크와 연수 언니가 공항까지 데려다 주었어요.

　항공사 직원을 따라가다 뒤를 돌아보니 히딩크가 웃으며 바라보고 있었어요. 그동안 함께한 일들이 생각나 눈물이 찔끔 났어요. 히딩크는 참 좋은 사람이에요.

　스웨덴에 도착해 출국장으로 나가니 익숙한 얼굴이 보였어요. 안나가 우리를 기다리고 있었어요.

　"안녕하세요!"

　"헤이! 은수. 헤이! 도현."

"오빠, 헤이는 스웨덴어로 '안녕'이라는 뜻이야. 헤이헤이 안나! 반가워요."

나는 달려가 안나를 꼭 껴안았어요. 안나는 스웨덴 사람이면서 동시에 한국 사람이에요. 무슨 말이냐면 안나는 한국에서 태어난 뒤 스웨덴으로 입양되었어요.

엄마가 북유럽을 여행하던 중에 기차에서 차장 아저씨를 만났대요. 아저씨는 엄마에게 한국 사람이냐고 묻더니 사진 한 장을 내밀었어요.

"이 아이는 내 딸이에요. 한국에서 태어났지만 내 딸이랍니다."

엄마는 한국에서 온 입양인이 스웨덴에 많다는 걸 들었지만 직접 만나게 될 줄은 몰랐대요.

"내 딸이 열일곱 살이 되었는데 요즘 들어 한국에 대해 알고 싶어 하고 친엄마를 찾고 싶어 한답니다. 딸아이를 도와주고 싶지만 어떻게 해야 할지 몰라 고민이 많아요."

차장 아저씨는 한국에 대한 정보를 줄 수 있느냐며 엄마에게 딸의 이메일 주소를 적어 주었대요. 그렇게 안나를 알게 되었어요. 안나가 한국에 왔을 때 엄마는 우리 집에 초대를 했고 그때 안나와 친해지게 되었어요. 우리는 일 년여 만에 만나는 것이었어요.

"은수! 오랜만이야. 그동안 정말 보고 싶었어. 너는 도현이지? 만나서 반가워. 은수 엄마에게 이야기를 많이 들었어."

"안녕하세요, 처음 뵙겠습니다."

나는 안나의 팔짱을 끼고 이야기를 나누며 공항을 빠져나갔어요.

우리는 스톡홀름 중심가로 갔어요. 안나는 자기가 가장 좋아하는 테마 파크로 안내해 준다고 했어요. 도착한 곳에는 'Junibacken'이라고 쓰여 있었어요.

"안나, 주니바켄이 뭐예요?"

"스웨덴에서는 유니바켄이라고 읽어. 너 삐삐를 아니?"

"삐삐요? 삐삐가 뭐예요?"

"빨강 머리를 양 갈래로 따고 얼굴에는 주근깨가 가득한 아이인데 힘이 아주 세. 말을 들어 올릴 만큼 말이지. 그리고 원숭이 닐슨과 함께 살아."

"아, 삐삐! 말괄량이 삐삐 말하는 거죠? 엄마랑 동영상으로 본 적이 있어요. 노래도 외우는걸요."

"저는 책으로 읽었어요. 〈내 이름은 삐삐 롱스타킹〉이라는 책이에요."

"맞아, 삐삐는 아스트리드 린드그렌이 쓴 동화의 주인공이야. 스웨덴 사람치고 삐삐와 아스트리드 린드그렌을 모르는 사람은 없을 거야. 린드그렌은 스웨덴 사람들이 가장 좋아하고 존경하는 작가거든. 삐삐 말고도 에밀이라는 남자아이 이야기도 유명해. 일단 우리 입장권을 사야 하니 줄을 서자."

우리는 긴 줄의 맨 끝으로 갔어요.

"아스트리드 린드그렌이 책을 쓰게 된 계기가 무엇인지 아니?"

"아니요, 잘 몰라요."

"린드그렌에게는 카린이라는 딸이 있었는데 그만 폐렴에 걸리고 말았대. 카린이 어느 날 엄마에게 '삐삐 롱스타킹' 이야기를 해 달라고 졸랐대. 삐삐 롱스타킹은 카린의 입에서 갑자기 튀어나온 이름이었어. 린드그렌은 삐삐 롱스타킹이라는 말을 듣자마자 독특한 아이일 거라고 상상하고 이야기를 지어냈지. 누워 있는 딸을 즐겁게 해 주기 위해 말이야. '삐삐로타 델리카테사 윈도셰이드 맥크렐민트 에프레임즈 도우터 롱스타킹'에 대한 이야기는 이렇게 만들어졌어. 어느 날 토미와 아니카 옆집에 삐삐가 이사 오면서 친해지게 되잖아. 너희들은 그렇게 순식간에 친해진 친구가 있니?"

"그런 친구 있어요! 단짝인 채원이와 도은이는 처음 보자마자 마음이 통했어요. 지금도 가장 친한 친구인걸요. 우리는 생일이면 파자마 파티를 열어요."

"나는 정규랑 얼굴만 봐도 마음이 통해요. 만나면 신나게 게임을 하죠. 헤헤."

"삐삐를 만든 린드그렌은 스웨덴 국민의 소중한 친구란다. 린드그렌이 세상을 떠났을 때 스웨덴 사람들과 스웨덴 왕실은 매우 슬퍼했어. 유니바켄은 1996년 스웨덴 왕실이 린드그렌에게 감사의 마음으로 헌정한 장소이자 그녀를 기억하는 공간이야."

이야기를 들으니 정말 소중한 곳에 왔다는 생각이 들었어요. 우리는 건물 안으로 들어갔어요. 동화 속에 있는 마을이 그대로 만들어져 있는데 아기자기한 작은 집이 정말 귀여웠어요. 오빠는 화장실 변기 뚜껑을 열었다가 변기에 잠겨 있는 개구리에 깜짝 놀라 소리를 질렀어요.

그때, 갑자기 어디선가 환호성이 들렸어요. 소리가 나는 쪽을 바라보니 삐삐가 달려오고 있었어요. 뒤에는 경찰 두 명이 삐삐를 쫓고 있고요. 삐삐는 경찰들을 놀리듯 도망가다 한바탕 훈계하더니 경찰들을 번쩍 들어 올렸어요. 폭포처럼 쏟아지는 웃음소리가 그곳에 있는 사람들을 하나로 만드는 것 같았어요.

다음은 기차를 타는 곳이었어요.

"이건 이야기 기차라고 해. 기차를 타면 세계 여러 나라 언어로 린드그렌의 책을 읽어 준단다. 린드그렌의 실제 목소리도 들을 수 있어. 안타깝게도 한국어로 책을 읽지는 않지만 린드그렌의 실제 목소리를 들을 수는 있지."

이야기 기차를 타니 마치 놀이공원에 온 것 같았어요. 캄캄한 공간을 날아올라 이야기의 세계로 들어갔어요. 이야기 속 에밀의 마을이 작은 모형으로 꾸며져 있었어요. 삐삐가 카리스마 있는 재미난 친구라면 에밀은 말썽쟁이인 것 같아요.

마지막 장소는 삐삐가 실제 사는 것처럼 꾸며진 별장이었어요. 별장에서는 토미와 아니카가 함께 삐삐 주제곡을 불렀어요.

우리는 유니바켄을 나와 바닷가를 따라 걸었어요.

"저쪽에 보이는 섬이 바로 감라스탄이야. 감라스탄은 스웨덴어로 '옛 도시'를 뜻해. 중세 시대에는 저 섬이 이 지역의 중심이었어. 왕족이 사는 스톡홀름 궁전도 있고 대성당도 있어. 중세 시대에 만들어진 건축물들이 남아 있어 그 시대 분위기를 느낄 수 있어. 이제 우리는 감라스탄에서 한국 사람과 관련된 곳에 갈 거야."

"스웨덴에서 한국 사람이라……"

"노벨 박물관에 가고 있어."

"아! 김대중 대통령요!"

우리는 노벨 박물관에 도착했어요.

고풍스러운 건물 안은 현대적인 시설로 꾸며져 있었어요. 유럽의 많은 곳들이 옛날 모습을 간직하면서 내부는 현대에 맞게 꾸며 살고 있는 것이 우리나라와 참 많이 달랐어요.

"이곳은 노벨상의 만들어진 지 100년을 기념해 만든 박물관이야. 노벨상의 역사와 역대 수상자들을 볼 수 있어. 노벨상은 어떻게 만들어졌는지 알아?"

"그럼요, 노벨이란 사람이 다이너마이트를 만들었죠. 건설에서 유용하게 쓰일 줄 알았는데 사람을 죽이는 전쟁 무기로 사용되는 것에 충격을 받았잖아요. 그래서 유언으로 인류 평화에 기여한 사람에게 상을 주는 데 자기 재산을 쓰게 한 거 아니에요?"

"맞아. 1901년부터 물리학상, 화학상, 생리학·의학상, 문학상, 평화상 그리고 나중에 경제학상이 생겨서 여섯 개 부문에 상을 주고 있어. 매년 10월이 되면 상을 받을 사람에게 연락하는데 그 전화를 노벨 콜링이라고 해. 많은 사람들이 영광의 전화를 기다린단다."

나는 노벨상 수상자들을 둘러보았어요. 마리 퀴리, 마틴 루터 킹을 알아볼 수 있었어요.

안나가 히잡을 쓴 한 소녀의 사진을 가리켰어요.

"이 사람은 2014년에 노벨 평화상을 수상한 파키스탄의 말랄라 유사프자이야. 열일곱의 나이에 최연소 노벨상 수상자가 되었어. 파키스탄 내의 탈레반이라는 조직은 여자들이 공부하면 안 된다며 학교에 못 가게 했어. 당시 열다섯 살이었던 말랄라는 여성도 공부해야 한다고 주장했고 이 때문에 괴한에게 총격을 당했어. 다행히 치료를 잘 받고 지금은 영국에서 대학생이 되었대."

코끝이 찡해졌어요. 말랄라는 공부를 하고 싶다는 이유로 총에 맞았다니 나는 말을 이을 수 없었어요.

"얘들아, 여기에 자랑스러운 한국인 노벨상 수상자가 있어."

김대중 대통령의 사진이 있었어요. 젊은 시절 모습으로 빡빡 깎은 머리를 하고 감옥에서 뭔가를 읽는 사진이었어요. 앞에는 빨간색 실내화와 손 편지가 전시되어 있었어요.

"김대중 대통령은 2000년에 노벨 평화상을 받았어. 한국의 민주주의와 인권, 남북한 화해, 나아가 동아시아의 민주화에 기여한 것을 인정받았기 때문이야. 편지와 털신은 김대중 대통령이 감옥에 있을 때 부인으로부터 받은 것들이야. 편지에는 깨알 같은 글씨로 남편을 걱정하는 마음을 빽빽하게 썼단다."

대통령이 되기 전에 감옥에 들어가고 몇 번이나 죽을 고비를 넘겼다는 것이 믿어지지 않았어요.

다음 날 아침, 도현 오빠는 한껏 들떠 있었어요. 바이킹 마을에 가는 날이거든요.

우리는 안나가 차려 준 스웨덴식 아침을 먹었어요. 테이블 위에 치즈, 버터, 계란, 연어가 차려져 있었어요.

특이한 것은 납작한 크래커같이 생긴 크네케브뢰드라는 빵이었어요. 딱딱해 보이는 빵에 선뜻 손을 뻗지 못하고 오빠와 서로 눈치를 봤어요.

안나가 빵에 대해 설명해 주었어요.

"오늘은 바이킹 마을에 가는 날이잖아? 우리가 먹는 아침 식사도 바이킹과 관련이 있어. 바이킹들은 배에서 오래 생활하기 때문에 이런 빵을 가지고 다녔어. 빵은 시간이 지나면 곰팡이가 피어서 먹지 못하잖아. 그리고 빵이 부풀어 있으면 보관하는 데 많은 공간을 차지하지. 이렇게 납작하고 건조된 빵은 보관하기에도 좋고 상하지 않았어. 바이킹의 식량으로 제격이었지."

안나는 먹는 법을 알려 주었어요.

"여기 버터, 치즈, 햄, 연어, 삶은 계란이 있어. 크네케브뢰드를 먼저 접시 위에 올리고 마음에 드는 재료를 빵 위에 얹는 거야. 나는 치즈와 햄, 계란을 올릴 거야. 그리고 마지막으로 이 소스를 짜서 맛있게 먹으면 돼. 어때? 아주 간단하지."

안나가 가리키는 소스는 치약처럼 생겼어요. 생소한 음식을 쳐다만 보고 있는데 오빠가 먼저 손을 뻗었어요. 튜브를 짜니 연한 핑크빛 소스가 쭉 나왔어요.

오빠가 빵에 발라 한입 베어 오물오물거리더니 이내 눈을 크게 뜨고 엄지를 척 들어 보였어요. 나도 빵 위에 연어와 계란을 얹고 소스를 짜서 한입 베었어요.

"와, 맛있어!"

"어때? 생각보다 근사하지? 이 소스는 생선 대구의 알을 토마토와 섞어 맛을 낸 거야. 한국 음식에서 비슷한 맛을 찾자면 명란젓을 마요네즈랑 섞은 것이라고 할 수 있을까? 튜브에 적힌 칼레스라는

이름은 스웨덴에서 가장 대중적인 브랜드야."

"음, 이건 문어 과자 맛이에요!"

엄마 선물로 이 소스를 사 가야겠다는 생각이 들었어요.

아침을 먹고 우리는 바이킹 마을로 떠났어요. 스톡홀름에서 차로 한 시간 정도 걸리는 스톡홀멘 바이킹 마을이에요.

안나는 운전을 하며 바이킹에 대해 이야기해 주었어요.

"바이킹은 지금의 어느 나라 사람일까?"

"스웨덴 사람이니까 이곳에 바이킹 마을이 있는 거 아니에요?"

"땡! 바이킹은 여러 지역에 살았어. 스웨덴뿐 아니라 북유럽권에 속하는 덴마크, 노르웨이, 핀란드, 아이슬란드, 그린란드에 살았지. 때문에 여러 나라에서 바이킹의 흔적을 볼 수 있고 조상이 바이킹이라고 하는 사람들이 많아."

"바이킹이라고 하면 덩치가 크고 무섭고 싸움을 잘할 것 같은데 스웨덴 사람들은 친절하기만 해요."

"바이킹에게 약탈당한 나라의 기록 때문에 그런 이미지가 생겼지. 바이킹은 원래 농사를 지었는데 땅이 부족해서 새로운 곳을 찾아 나섰어. 바이킹은 8~11세기에 전성기를 누렸어. 바이킹이 만든 좁고 기다란 배로 못 가는 곳이 없었지. 강을 따라가다 물길이 끊기면 배를 끌고 물이 있는 곳까지 갈 정도였어. 바이킹은 마을을 공격해 약탈하고 달아났기 때문에 당시 유럽인들에게 공포의 대상이었어. 하지만 바이킹이 약탈만 일삼은 사람들이라고 단정 짓긴 어려워. 뱃길을 따라 전 유럽을 돌아다니며 교역을 했으니까. 바이킹은 지금의 이스탄불인 콘스탄티노플에서 유럽 해안가 전역을 돌며 무역했어. 바이킹은 유럽에서 가장 먼저 북아메리카 대륙에 간 사람들이야. 콜럼버스보다 500년이나 빨랐지. 그린란드에서 조금 더 가면 미국 땅이었어. 바이킹은 미국에 정착하고 싶었지만 원주민들과의 전쟁에서 져서 결국 쫓겨나고 말았어. 바이킹의 약탈에 고심하던 사람들은 땅을 내주고 정착하게 했는데 노르망디 공국도 바이킹이 정착해 세운 왕국이야."

바이킹 마을 곳곳에는 바이킹의 생활을 체험할 수 있는 집이 있었어요. 빵 만들기, 실을 뽑아 펠트 천으로 가방 만들기, 대장간에서 농기구와 무기 만들기, 나무를 깎아 숟가락 만들기, 바이킹 언어 배우기 등 다양한 체험을 할 수 있었어요.

갑자기 북소리가 울려 퍼지며 공연 시간을 알렸어요. 공연은 바이킹 시대의 놀이를 보여 주는 것이었어요. 칼과 창으로 경기를 할 줄 알았는데 끈의 모서리를 잡아당겨서 힘을 겨루는 것이었어요.

다음 공연에서는 바이킹과 싸울 도전자를 모집했어요. 오빠가 내 등을 떠미는 바람에 앞으로 나가게 됐어요. 사람들 앞이라 부끄러웠지만 뒤에서 응원하는 안나와 오빠를 보며 용기를 냈어요. 규칙은 원 밖으로 상대를 먼저 밀어내는 사람이 이기는 것이었어요. 나는 힘센 아이들을 상대하느라 땀을 뻘뻘 흘렸어요. 하지만 힘만큼은 자신 있는걸요. 아이를 힘껏 원 밖으로 밀어내서 결국 승자가 됐어요. 안나와 오빠는 폴짝폴짝 뛰면서 기뻐했어요.

"자, 우리 이제 피카를 가져 볼까?"

"피카가 뭐예요?"

"스웨덴에서 피카는 굉장히 중요해. 그건 간단한 디저트와 함께 커피를 마시는 시간을 말해. 몸과 마음의 평화를 가지는 휴식 시간이지."

우리는 숲 속에 있는 조용한 카페에 앉아 피카를 가졌어요. 안나는 커피를, 우리는 핫초코를 마셨지요. 안나는 만족스러운 표정을 지으며 말했어요.

"라곰이라고 아니?"

"곰요?"

오빠가 말했어요.

"아니, 라곰은 스웨덴의 문화와 스웨덴 사람들의 생활 양식을 드러내는 개념이지. 이렇게 평화롭고 모든 것이 만족스러운 상태를 라곰이라고 해. 스웨덴 사람들은 평소에 서두르지 않고 편안한 상태를 유지하려고 노력해."

"우리는 이런 경우에 뭐라고 하지?"

도현 오빠가 물었어요.

"음, 행복해요? 안나, 우리는 행복하다고 해요. 하지만 한국에서는 행복하다고 말하는 때가 많지 않은 것 같아요. 스웨덴 사람들은 참 많이 웃는 거 같아요. 어른도 아이도요. 다들 여유 있는 표정이고요. 버스에 커다란 유모차가 세 대나 들어오는 것을 보고 정말 놀랐어요. 우리나라였다면 사람들이 싫어했을 거예요. 유모차는 자리를 많이 차지하고 싣느라 시간이 오래 걸릴 테니까요. 우리나라 사람들은 마음이 급하거든요."

"스웨덴과 북유럽 국가들은 복지 제도가 잘 되어 있고 아기와 어린이들의 행복을 무척 중요하게 생각해. 부모님과 아이들 모두가 행복할 수 있게 가정에서 보낼 수 있는 시간을 보장해 주고 아빠도 엄마만큼이나 아이들과 함께 시간을 보낼 수 있도록 제도를 만들어 놓았지. 한국도 북유럽의 복지 시스템을 연구하며 좋은 제도를 만들기 위해 애쓰고 있다고 들었어."

"저는 숙제랑 학원을 좀 줄였으면 좋겠어요. 스웨덴 어린이들은 우리처럼 학원에 안 다니나요?"

"스웨덴에는 한국처럼 학원이 많지 않아. 어린이들은 주로 밖에서 뛰놀고 성적이 부족하면 학교에서 보강 수업을 하지. 피아노나 바이올린을 배우는 음악 학원은 있어."

"스웨덴 어린이가 부러워요. 학원이 없어지면 우리나라가 더 좋아질 것 같아요."

"국회의원에게 한번 건의해 보는 것은 어때? 학원에 많이 다니지 않는 게 어린이들을 위해 더 좋다는 것을 설득해 보렴."

"오! 그거 좋은 생각이에요. 학원에 가는 대신 어린이들이 적어도 하루 두 시간은 놀아야 한다는 법이 생기면 좋겠어요."

"그거 좋은 생각인데!"

우리는 마주 보며 웃음을 터트렸어요. 피카는 멋진 생각을 하게 해 주었어요.

안나가 알려 주는
스웨덴 이야기

안녕, 나는 안나야.
아기였을 때 한국에서 스웨덴으로 입양되어
스웨덴에서 자랐어.
좋은 부모님을 만나 행복하게 살고 있지만 나를 낳은 친부모가
궁금해. 그 분들을 알아야 진짜 나를 알 수 있을 것 같거든.
나는 스웨덴 사람으로서 스웨덴에서 내 삶을 잘 살고 있단다.
이것을 나의 친부모님이 아셨으면 좋겠어.
부모님도 내가 잘 살기를 바라는 마음으로 보냈을 테니까.
나의 한국 부모님을 만나게 된다면 꼭 내게 연락해 주길 바라.
이제 친구들에게 스웨덴의 바이킹 이야기를 들려줄게.

바이킹의 역사와 문화

바이킹은 바다가 육지 깊숙이 들어와 있는 지형인 만에서 사는 사람들이라는 뜻이에요. 게르만족으로 분류되며 노르드어를 쓰고 북쪽 유럽이란 뜻으로 노르만족이라고도 불린답니다. 스칸디나비아 반도는 바다를 접하고 있는 기다란 땅으로 여름에는 해가 길어지는 백야현상, 겨울에는 해가 뜨지 않는 흑야현상을 볼 수 있답니다. 빙하로 만들어진 아름다운 피요르드 해안

과 환상적인 오로라를 보러 여행자들이 찾아가는 곳이에요.

바이킹은 배를 만드는 기술과 항해술이 뛰어나 다양한 뱃길을 개척했지요. 아일랜드와 그린란드를 넘어 북아메리카까지 갔어요. 바다뿐만 아니라 강을 따라 키예프를 지나 콘스탄티노플(현재의 이스탄불)과의 무역 노선을 만들어 서유럽과 무역을 했어요. 동양으로부터 향신료와 비단을 사들였어요.

바이킹은 새로운 땅에 도시를 건설하기도 했어요. 강을 이용해 파리까지 진출했을 정도였답니다. 911년에 프랑스 왕 샤를3세가 바이킹의 롤로에게 땅을 내어 주고 가톨릭으로 개종하게 만들고 정착하게 했는데 그곳이 노르망디 공국이 되었어요. 훗날 잉글랜드를 정복한 정복왕 윌리엄 1세가 롤로의 손자랍니다.

스웨덴 사람들은 수렵이나 채집을 통해 먹을 것을 구해야 했어요. 순록이나 사슴을 사냥하거나 청어나 연어를 잡았어요. 이것들을 훈제와 절이는 방식을 이용해 보관 기간을 늘렸답니다. 각자 먹고 싶은 음식들을 조금씩 접시에 덜어 먹는 이곳의 문화는 오늘날 뷔페의 시작이라고 보기도 해요.

바이킹이 타고 다니던 배를 재현한 모델

스페인

오늘은 안나와 헤어지는 날이에요. 아침부터 엉엉 울고 말았어요. 안나도 눈물이 그렁그렁해서 나를 바라봤어요. 도현 오빠는 조용히 우리를 따라왔어요.

"안나, 한국에서 또 만나요. 다음에 한국에 올 때는 엄마를 꼭 찾을 수 있을 거예요."

"나도 그랬으면 좋겠어. 한국 엄마랑 손 꼭 잡고 은수네 집으로 놀러갈 테니까 기다려"

나는 눈물을 뚝뚝 흘리며 오빠와 비행기에 올랐어요.

비행기가 뜨고 얼마 지나지 않아 눈물이 멈췄어요. 마음이 괜찮

아져서 고개를 드는데 오빠랑 눈이 마주쳤어요. 나는 민망해져 웃고 말았어요.

오빠는 게임을 시작했고 나는 노트를 꺼내 안나 얼굴을 그렸어요.

우리는 곧 바르셀로나 공항에 도착했어요. 스페인에서 만나게 될 사람은 한국인이래요.

공항에 도착하자 선 언니가 나와 있었어요. 검은색 안경을 낀 언니가 웃으며 우리에게 손을 흔들었어요. 선 언니는 바르셀로나에서 건축을 공부하고 있대요. 처음 만났지만 한국인이어서 그런지 낯설지 않았어요.

"언니는 왜 유럽의 여러 도시 중에서 바르셀로나에서 공부하게 된 거예요?"

"대학생 때 유럽으로 배낭여행을 왔어. 그때 가장 인상 깊은 곳이 바르셀로나였어. 그래서 다시 오게 됐지."

"어떤 게 인상적이었는데요?"

"유럽의 모든 건축이 아름다워서 눈을 뗄 수 없었지. 지은 지 200년이 넘은 건물들이 도심 한가운데에 있고 사람들이 여전히 그곳에 사는 게 특별하게 느껴졌어. 우리나라에는 오래된 건물은 부수고 아파트와 높은 건물을 짓잖아. 가우디의 건축을 보고서는 스페인에서 꼭 한번 살아 봐야겠다고 결심했어. 그래서 이곳에서 공부하게 된 거야."

"우아, 그러면 꿈을 이룬 거네요? 정말 바르셀로나에서 공부를 하고 있으니까요."

"맞아, 꿈을 이루어서 기뻐. 그리고 이곳에서 만난 친구들과 정말 재미있게 지내고 있어."

우리는 언니가 사는 건물에 도착했어요.

언니는 친구들과 한 집에 살면서 각자 방을 가지고 주방과 거실 그리고 욕실을 함께 쓰고 있대요.

"자, 이제 짐을 놓고 얼른 가우디 할아버지를 만나러 가 보자. 바르셀로나 유학을 오게 만든 가우디의 건축물을 보여 주고 싶어. 성가족성당 입장권을 예매해 두었으니까 입장 시간에 늦지 않게 빨리 나가자."

우리는 서둘러 집을 나섰어요.

언니가 한 건물을 가리키며 저기가 성가족성당이라고 말했어요. 성당은 아주 거대했고 지금까지 본 성당들과는 많이 달랐어요.

"뛰어야 할 것 같아. 입장 시간이 얼마 안 남았거든."

언니가 재촉하며 말했어요.

우리는 간신히 제시간에 성당에 도착했어요. 뛰어오느라 지친 언니는 헉헉거리며 바닥에 주저앉아 버렸어요.

성당은 높고 거대했어요. 기다리는 동안 고개를 뒤로 바짝 젖히고 성당을 올려다봤어요.

성당 안에 들어서자 언니가 주먹을 마이크처럼 쥐고 말했어요.

"에에, 마이크 시험 중. 하나둘 하나둘. 박도현 군과 김은수 양,

만나서 반갑습니다. 나는 김선 바르셀로나 가이드입니다. 지금부터 가우디가 만든 성가족성당 투어를 시작하겠습니다."

나는 언니의 이야기에 귀를 기울였어요.

"이 성당은 안토니 가우디라는 건축가의 설계로 1882년부터 짓기 시작했어요. 규모가 워낙 커서 당시의 건축 기술로는 공사가 언제 끝날지 아무도 몰랐죠. 가우디도 생전에 다 짓지 못할 것을 염두에 두고 설계했어요. 지금은 가우디 사망 100주년을 기념해 2026년에 완공할 목표로 공사가 이어지고 있습니다. 성당은 여러분이 구입한 입장권과 기부금으로 만들어지고 있으니 이곳에 와 있는 것 자체가 성당의 벽돌 하나를 쌓는 것과 같다고 할 수 있습니다. 성당은 크게 탄생의 문, 수난의 문 그리고 영광의 문 세 부분으로 나누어져 있습니다. 먼저 가우디가 직접 만든 탄생의 문으로 가겠습니다."

선 언니는 오른쪽 손을 번쩍 들어 깃발처럼 흔들며 앞서 걸었어요.

"자, 바로 이곳이 탄생의 문입니다. 성당 입구 장식을 파사드라고 하고 여기서는 예수의 탄생에서 청년기까지 이야기를 담은 조각 장식을 볼 수 있어요. 가우디가 생전에 완성한 문이죠. 중앙에는 성모 마리아가 아기 예수를 사람들에게 보이는 모습이 조각되어 있어요. 한쪽에는 예수의 탄생을 축하하며 선물을 가져온 동방 박사들의 모습도 보이지요. 주변에는 예수 탄생을 축복하는 천사들이 조각되어 있습니다. 이 조각들은 가우디가 실제 사람 크기로 만들었다고 합

니다. 이번에는 수난의 문으로 이동하겠습니다."

우리는 처음에 들어온 성당의 입구 쪽으로 향했어요.

"자, 돌발 퀴즈입니다! 맞힌 사람에게는 맛있는 점심이 기다리고 있어요! 입구에 보이는 사각형은 열여섯 칸으로 나뉘어 있고 각각의 칸에 숫자가 쓰여 있습니다. 가로, 세로, 대각선의 숫자를 더하면 모두 똑같은 숫자가 나오며 이를 마방진이라고 하지요. 여기서 문제, 이 숫자들의 합은 얼마일까요?"

"저요!"

내가 번쩍 손을 들었어요.

"1＋14＋14＋4＝33, 1＋7＋10＋15＝33입니다!"

"딩동댕! 정답입니다! 자, 이번엔 또 다른 문제예요. 왜 하필 33일까요?"

"……"

오빠와 나는 답하지 못하고 눈만 끔뻑였어요.

"문제가 너무 어려웠나요? 힌트는 이 수난의 문 파사드 조각에 있습니다."

선 언니의 말이 떨어지자마자 나는 고개를 들어 파사드 조각을 바라봤어요. 한 여자가 얼굴이 그려진 천을 펼친 모습이었어요. 아무리 생각해도 답을 알 수가 없었어요.

"대답할 사람 아무도 없나요? 그렇다면 정답을 알려 줄게요. 예수는 목숨을 잃은 지 100일 뒤 부활했지요. 당시 예수의 나이가 서

른셋이었습니다."

오빠와 나는 파사드 조각을 보며 고개를 끄덕였어요.

"천을 펼쳐 보는 여성의 이름은 베로니카예요. 예수가 십자가를 지고 골고다 언덕을 오를 때 베로니카란 여성이 예수의 얼굴에서 흐르는 피와 땀을 수건으로 닦아 주었어요. 그때 수건에 예수의 얼굴이 그려진 기적을 조각한 거예요. 오른쪽에는 죽은 예수를 십자가에서 내리는 장면이에요. 나머지 영광의 문은 아직 완공되지 않았어요. 공사를 마치면 성당의 주 출입구가 될 예정입니다. 그럼 안으로 들어가 볼까요? 이제부터 조용히 따라오세요. 우리는 경건한 성당에 와 있으니까요."

선 언니는 손가락으로 조용하라는 행동을 해 보였어요.

"성가족성당 내부는 '기둥의 숲'이라고 불러요. 가우디는 성당 내부를 숲으로 표현했어요. 일정한 간격으로 늘어선 기둥은 나무로 표현한 것으로 위를 보면 여러 갈래로 뻗은 나무줄기 같은 느낌이 들어요. 천장을 통해 들어오는 빛은 해와 별을 상징해요. 나뭇잎과 가지 사이로 빛이 들어오는 느낌이죠? 정말 아름다워요! 이제 앞쪽 제단으로 이동할게요."

제단은 성당의 크기에 비해 작았어요. 작은 십자가가 있고 그 위쪽으로 빛이 아름답게 내려오고 있었어요. 빛을 타고 천사들이 올 것 같은 신비로운 분위기였어요.

우리는 성당 밖으로 나왔어요.

"성당을 제대로 보려면 아침 해가 뜰 때 탄생의 파사드, 한낮에는 영광의 파사드, 해질녘에는 수난의 파사드를 봐야 해요. 자, 이것으로 성가족성당의 투어를 마치겠습니다. 지금까지 들어 줘서 고마워요! 가이드 김선이었습니다."

오빠와 나는 언니에게 박수를 치며 꾸벅 인사했어요. 언니 덕분에 성당을 제대로 볼 수 있었어요.

"가우디는 성당을 설계할 때 흰개미 '집'을 생각한 게 아닐까요? 성당 모양이 흰개미 집이랑 똑같이 생겼어요."

도현 오빠가 말했어요.

"나는 해변의 모래성이 생각났어요."

"가우디는 자연에서 건축 모티브를 찾았으니 흰개미 집일 수도 있고 모래성일 수도 있지. 어떤 책에는 몬세라트를 보고 영감을 얻었대. 몬세라트 산의 봉우리를 뭉툭하게 만든다면 성당 모습과 비슷할 것도 같아. 몬세라트 산은 그 모습만으로도 신비로워서 많은 사람들이 찾지만 검은 성모상이 있는 수도원 때문에 특히 인기 있는 곳이야. 기차를 타고 가야 해서 이번에는 시간이 안 되겠어. 이제 가우디의 다른 건축물을 보러 갈 거야. 지하철을 타고 이동하자."

지하철에서 밖으로 나오니 사람들로 가득한 큰길이 나왔어요. 그때 신기하게 생긴 건물이 보였어요.

"이 집이 가우디가 만든 까사 밀라야. 까사는 스페인어로 '집'을 말해. 밀라는 이 집을 만들어 달라고 요청한 사람의 이름이야. 즉,

까사 밀라는 '밀라의 집'이지. 평소 밀라는 가우디의 작품을 좋아해서 가우디에게 공동 주택을 의뢰했대. 산의 부드러운 곡선에서 영감을 얻어서 설계한 거야."

"지금도 이곳에 사람이 살고 있나요?"

"관광객들이 집을 보기 위해 긴 줄을 서서 기다리는데 간혹 어떤 사람이 곧바로 건물 안으로 들어가면 바로 그 사람들이 까사 밀라에 살고 있는 사람이야."

"와, 이런 멋진 집에서 살면 기분이 정말 좋을 것 같아요."

"나도 그렇게 생각해. 그런데 만들었을 당시에는 사람들이 이상한 집을 지었다고 놀렸대. 신문사 평으로 이 집을 조롱하기도 했거든. 까사 밀라는 1984년에 유네스코 세계문화유산이 되었단다."

우리는 선 언니와 함께 큰길을 따라 걸었어요. 길을 걷다가 또 특이한 건물과 맞닥뜨렸어요. 그 건물은 까사 바트요라고 했어요.

"까사 바트요는 바트요라는 사람이 의뢰한 집인가요?"

"응, 맞아. 이 집에는 바다의 느낌을 담았대. 다양한 색채의 타일을 이용해 용을 표현했고 건물은 용에 의해 희생된 사람들의 해골과 뼈를 형상화했어. 발코니의 모습이 해골의 눈 같지 않니? 기둥은 뼈 모양이야. 그리고 이렇게 아래에서 보면 정말 해골이 보인단다."

오빠와 나는 선 언니가 말하는 장소에서 건물을 올려다보았어요. 정말 해골을 아래쪽에서 보는 것 같았어요. 반짝반짝 빛나는 타일로 덮인 지붕은 초록과 붉은 빛이 나는 비늘 같았어요. 건물이 용의

배 속이라면 정말 사람들을 많이 잡아먹었겠구나 싶었어요.

"이제 바르셀로나의 활기찬 모습을 볼 수 있는 람블라 거리로 가 보자. 룸메이트를 소개해 줄게."

"언니 룸메이트가 거기에서 일해요? 무슨 일을 하는데요?"

"비밀이야. 가 보면 알게 돼."

나는 선 언니를 따라 걸으며 물었어요.

"가우디는 성당을 다 만들지 못하고 세상을 떠나서 슬펐겠어요. 성당을 만들다 아파서 돌아가신 거예요?"

"아니, 가우디는 전차에 치여서 세상을 떠났어. 워낙 검소하게 살았던 사람이라 전차에 치였을 때 아무도 가우디인지 알아보지 못했대. 부랑자인 줄 알고 택시 기사가 태워 주지 않았다는 이야기도 있지. 다친 가우디는 겨우 빈민 병원으로 실려 갔지만 결국 세상을 뜨고 말았어. 자, 람블라 거리에 도착했어!"

람블라 거리는 길의 가운데로 사람들이 걷고 양쪽 좁은 길로 차가 다니고 있었어요. 길을 따라 신기한 광경이 펼쳐졌어요. 판토마임을 하는 사람, 움직이는 동상 분장을 한 사람, 비눗방울 만드는 사람, 묘기를 부리는 사람까지 거리는 마치 서커스 한 판이 벌어진 것 같았어요.

선 언니는 요정 분장을 한 사람에게 다가가서 "올라!" 하고 인사했어요. 요정이 선 언니를 보고 활짝 웃으며 쪽 소리를 내는 볼키스 인사를 했어요. 곧 요정이 우리를 보고 "올라, 께 딸?" 하고 말했어요.

나는 무슨 말인지 알아듣지 못하고 가만 서 있었어요.

"친구가 인사하는 거야. 너희는 스페인어로 무이비엔이라고 말하면 돼."

"무이비엔!"

올라는 '안녕'이라는 말이고, 께 딸은 '잘 지내' 무이비엔은 '잘 지낸다'라는 뜻이래요. 요정 분장을 한 사람은 아르헨티나 사람으로 이곳에서 요정 공연을 하며 돈을 번대요. 세상에 이런 직업을 가진 사람이 있다는 게 놀라웠어요.

우리는 해변에 가기로 했어요. 그리고 멋진 식당에서 저녁을 먹기로 했어요.

 길을 따라 걸으니 점점 바다 냄새가 풍겨 오고 갈매기 소리가 들렸어요. 바다가 가까워진다는 걸 알 수 있었어요.
 해변에 도착해서 서둘러 레스토랑으로 들어갔어요.
 "스페인에 왔으니 빠에야를 먹어야겠지? 토끼 고기를 넣은 빠에야와 오징어 먹물 빠에야가 있는데 어떤 것을 먹을까?"
 "토, 토끼 고기라고요?"
 "응, 스페인 사람들은 토끼 고기를 먹어. 빠에야는 스페인 발렌시아의 쌀 요리인데 토끼 고기를 넣어 만든 빠에야가 원조야. 닭고기나 해산물을 넣은 빠에야도 있어."

"저는 토끼 고기 빠에야를 먹어 보고 싶어요."

오빠가 흥미롭다는 듯 말했어요.

"우리나라에서도 토끼 고기를 먹긴 하는데 돼지고기, 소고기, 닭고기처럼 보편적이지 않아서 낯설지? 한번 먹어 봐. 또 언제 토끼 고기를 먹겠니?"

귀여운 토끼가 눈에 아른아른거렸지만 토끼 고기 빠에야를 주문하기로 했어요. 선 언니는 유창한 스페인어로 음식을 주문했어요.

우리는 음식이 나오기를 기다리며 바닷가의 사람들을 구경했어요.

"얘들아, 저쪽에 탑이 보이니? 저 꼭대기에서 손가락으로 바다를 가리키는 동상 말이야. 저 사람이 누굴까?"

"누구예요?"

오빠와 나는 동시에 물었어요.

"콜럼버스야."

"콜럼버스가 스페인 사람이에요?"

"콜럼버스는 이탈리아 제노바에서 태어났으니 이탈리아 사람이지."

"스페인 사람도 아닌데 왜 이곳에 동상이 있는 거예요?"

"스페인을 위해 큰일을 했거든. 콜럼버스는 지구가 둥글다고 믿었어. 기존의 항로 말고 반대로 대서양을 지나면 동인도까지 더 빨리 갈 수 있다고 생각했어. 그래서 유럽 각국의 왕을 만나 자신의 항로 개척을 후원해 달라고 요청했지. 그러나 아무도 콜럼버스의 말을 믿지 않았어. 당시 사람들은 대서양을 '검은 바다'라고 부르며 수평선 끝까지 가면 떨어져 죽을 거라고 믿었거든. 그런데 유일하게 스페인의 이사벨라 여왕이 콜럼버스의 요청을 들어주었어. 콜럼버스는 중국과 인도로 가려고 했지만 지금의 바하마에 있는 산 살바도르 섬에 도착했지. 첫 번째 항해로 담배 같은 물건을 싣고 원주민까지 데리고 돌아와 여왕과 많은 사람들의 환영을 받았어. 두 번째 항해의 목적은 금이었어. 다시 살바도르 섬에 도착했을 때에는 머물고 있던 선원들은 모두 죽임을 당한 상태였어. 콜럼버스와 선원들은 원주민을 잡아 유럽에서 노예로 팔았어. 유럽인들이 섬에 들어가면서 천연두도 전염되었어. 총 네 번의 항해를 했지만 콜럼버스는 신뢰를 잃고 쓸쓸한 죽음을 맞이했어. 그는 유언으로 다시는 스페인 땅을 밟고 싶지 않다고 했을 정도니까. 콜럼버스의 유해는 소원대로 카리브의 한 섬에 묻혔다가 스페인의 세비야로 돌아왔어. 콜럼버스 덕분에 결국 스페인은 남미에 식민지를 만들고 막대한 부를 얻게 되었지. 세비야 성당에 가면 스페인 각 지역의 왕이 콜럼버스의 관을 메고 있는 것을 볼 수 있어. 콜럼버스의 유언대로 땅을 밟지 않게 말이야."

그때 기다리던 토끼 고기 빠에야가 나왔어요. 손잡이가 달린 둥글고 커다란 팬에 토끼 고기와 토마토 소스가 어울어진 빠에야가 담겨 있었어요.

도현 오빠가 킁킁 냄새를 맡으며 말했어요.

"맛있는 냄새가 나요."

나는 배가 너무 고픈 나머지 허겁지겁 빠에야를 먹었어요. 꼬들꼬들한 쌀알이 씹혔어요. 평소 먹던 쌀밥과는 조금 다른 느낌이었어요. 토끼고기를 한 조각 맛봤어요. 먹자마자 오빠와 나는 눈을 동그랗게 뜨고 서로 쳐다보았어요.

"어? 닭고기랑 맛이 똑같아."

"정말 비슷해. 그런데 닭고기에 비하면 살이 조금밖에 없네."

"맛이 괜찮지? 자잘한 뼈를 발라내는 게 좀 귀찮기는 하지만 말이야. 그래도 맛있다니 다행이다."

큰 팬에 담긴 빠에야를 배부르게 먹을 수 있었어요.

"아까 언니가 말한 콜럼버스에 대해 곰곰이 생각했어요. 스페인이 다른 나라를 식민지로 삼아 부강해질 수 있어서 콜럼버스를 기린다는 말이잖아요."

"그렇지, 은수가 다른 생각이 있었나 보구나."

"네, 남미의 원주민들을 노예로 만들고 죽였잖아요. 또 남미에 천연두를 퍼지게 했으니 원주민들 입장에서는 콜럼버스가 기릴 만한 사람이 아니었을 것 같아요."

"나도 그렇게 생각해. 콜럼버스가 가려고 했던 곳은 동인도였고, 신대륙에는 이미 원주민들이 살고 있었으니 유럽인만의 '발견'이었던 것이지. 원주민들 입장에서 보면

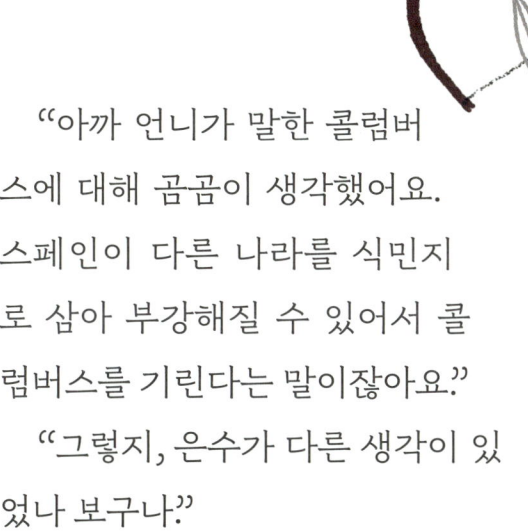

137

유럽인들은 아메리카 대륙을 침략해서 평화롭게 살던 자신들을 죽이고 삶의 터전과 재산을 빼앗았으니까."

"정말 그렇네요. 만약 스페인이 우리나라에 도착해 신대륙을 발견했다고 하고 우리나라 재산을 빼앗아 가면서 사람들을 노예로 팔았다고 생각하면 정말 끔찍해요."

"맞아, 그때 유럽 국가들은 경쟁적으로 식민지를 넓혀 가고 있었어. 아프리카나 중남미 원주민들을 존중하지 않았지. 원주민을 노예로 삼았어. 잔인하고 슬픈 역사야. 앞으로는 이런 일이 없게 하는 게 중요해. 아참, 너희 스페인의 유명한 화가가 우리나라와 관련이 있는 건 아니? 한국전쟁이 벌어졌을 때 전쟁의 참상을 보여 주는 그림을 그린 화가야."

"혹시 피카소 아닌가요?"

"오, 은수가 잘 알고 있네. 피카소는 한국전쟁 중에 많은 사람들이 희생되었다는 이야기를 듣고 분노하여 그림을 그렸어. <한국에서의 학살>이라는 그림이야. 파리 피카소 미술관에 가면 볼 수 있어. 그림에는 흙장난하는 아이와 엄마 품에 안긴 아기의 모습이 담겨 있어. 여자들은 눈물을 흘리며 앞으로 다가올 죽음을 기다리고 있지. 피카소는 이전에도 전쟁의 참혹함을 그렸어. 1937년에 그린 <게르니카>가 유명해. 스페인내전 당시 나치가 바스크 지방의 게르니카를 폭격하면서 수많은 사람들이 희생되었어. 그 이야기를 담은 그림이야. 피카소는 사회 문제에 적극 참여하는 화가였어. 92세로

장수한 데다 생전에 많은 작품을 남겨서 전 세계 곳곳에 피카소 미술관이 있어. 당연히 이곳 바르셀로나에도 있지. 지금은 이미 문을 닫은 시간이라 내일 가 보도록 하자. 벌써 해가 지고 있네."

선 언니는 시계를 보며 얘기했어요.

"플라멩코 공연 시간이 얼마 남지 않았어. 뛰어야겠다. 여기에서 10분 거리야."

"뛰어요? 아직 배도 안 꺼졌는데……."

나는 울상이 되어 말했어요.

"에이, 그래도 너희가 나보다 더 잘 뛸 거면서."

선 언니가 말하는 동안 도현 오빠가 먼저 뛰기 시작했어요. 나도 오빠를 따라 달렸어요. 선 언니가 우리 뒤를 따라오며 말했어요.

"그쪽이 아니야. 이쪽이야, 이쪽."

선 언니가 알려 주는
스페인 이야기

안녕, 나는 바르셀로나에서 살고 있는 김선이라고 해.
바르셀로나를 여행하다 가우디가 만든 건축을 보고 반해
이곳으로 유학을 와서 살고 있어.
글을 읽는 친구들에게 스페인의 바르셀로나에 대해
즐거운 마음으로 소개할게.

파블로 피카소의 〈게르니카〉

파리 자신의 스튜디오에서
찍은 파블로 피카소

파블로 피카소는 스페인 남부 말라가에서 태어난 천재 화가야. 20세에 파리에서 첫 전시회를 열고 인기를 얻으면서 경제적으로 안정된 예술가의 삶을 살 수 있게 되었어. 사람들은 이를 입체주의라고 부르는데 기존의 원근법을 따르는 그림을 벗어나 사물을 해체했다 다시 붙이는 새로운 형태였어.

사회 고발적인 내용을 띠고 있는 〈게르니카〉는 스페인내전 때 그리게 됐어. 1937년 스페인 북쪽 작은 마을 게르니카가 나치에 의해 계획적으로 폭격당해서 1,654명이 사망하는 끔찍한 일이 일어났어. 피해자 대부분은 어린이와 노인을 비롯한 보통 사람들이었어. 이 사건은 스페인의 소수 민족인 바스크인들을 희생양으로 삼은 것이어서 더욱 충격이었어. 소식을 접한 피카소는 화가 나서 당시 파리에서 열리는 만국박람회에 게르니카의 참상을 알리는 그림을 출품하게 된 거야. 이 그림은 후에 피카소의 대표작이 되었지.

피카소에게 왜 이 그림을 그리게 되었느냐고 질문하자 이렇게 말했대. "어떻게 예술가가 다른 사람들의 일에 무관심할 수 있습니까. 회화는 아파트나 치장하기 위해 존재하는 것이 아닙니다. 예술가는 하나의 정치적 인물입니다."

플라멩코

스페인 하면 빼놓을 수 없는 플라멩코는 스페인 남쪽 안달루시아 지방에서 시작된 춤이야. 15세기 안달루시아 지방에 집시가 들어오면서 기존의 이슬람 문화, 안달루시아 문화, 유대 문화 등이 융합되어 만들어졌지.

왜 이름이 플라멩코가 되었는지는 여러 가지 설이 있는데 춤추는 모습이 플라밍고 새와 닮아서 그렇다는 의견과 안달루시아어로 '땅 없는 농민'이라는 뜻의 단어에서 나왔다는 의견 등이 있어. 플라멩코 댄서가 열정적인 춤을 추면 노래를 하는 사람들이 음악의 강약에 따라 손뼉을 치고, 춤이 끝나면 관람객들이 '올레' 하는 환호성을 외친단다. 댄서와 연주자, 그리고 관람객이 하나가 되는 열정적인 춤이 플라멩코야. 2010년 유네스코의 '인류 구전 및 무형 유산 걸작'으로 지정되었어.

그리스

바르셀로나 공항에서 선 언니와 작별 인사를 나누었어요. 선 언니는 한국에서 보자며 손을 흔들었어요.

우리가 탄 비행기는 마지막 여행지인 그리스로 향했어요. 공항에 내리자 신기한 모양의 그리스 글자가 눈에 띄었어요. 그리고 삐뚤빼뚤하게 한국어로 적힌 피켓이 보였어요. '깔리메라 박도현과 김은수'라는 피켓을 든 사람이 웃으며 다가왔어요.

"안녕하세요. 깔리메라, 도현과 은수?"

"안녕하세요. 엄마한테 얘기 들었어요. 만나서 반가워요."

"나는 올리브야. 아테네에서 대학교에 다니고 있어."

올리브는 금발에 갈색 눈을 가졌어요.

"아빠는 그리스 사람이고 엄마는 한국 사람이야. 그래서 한국말을 잘해. 한국에도 여러 번 가 봤어."

"아하, 그래서 얼굴이 외국 사람 같기도 하고 한국 사람 같기도 하구나."

우리는 버스를 타고 아테네 시내로 향했어요. 오래된 버스에는 커다란 트렁크와 배낭을 든 외국인들이 가득했어요. 다행히 먼저 버스를 타서 앉을 수 있었지만 서서 가는 사람도 있었어요.

"우리 가족은 아테네 시내에서 민박집을 운영하고 있어. 1층은 객실이고 2층에는 가족이 살아."

버스는 한 시간을 달려 아테네 시내의 신타그마 광장에 도착했어요. 광장 근처에 있는 올리브의 집은 한국 기념품들로 가득했어요. 한복 입은 인형, 하회탈, 부채가 거실을 장식하고 있었어요.

"엄마가 그리스 친구들에게 한국을 소개하는 것을 좋아해. 김밥, 불고기, 잡채 같은 한국 음식을 그리스 사람들과 나누어 먹어. 덕분에 내 친구들은 한식을 좋아하고 한국말도 배우러 우리 집에 오기도 해."

올리브는 우리에게 옥상을 보여 주었어요. 옥상에는 아테네의 뜨거운 햇볕이 내리쬐고 있었어요.

옥상에서 보는 풍경은 정말 멋졌어요. 바로 코앞에 거대한 신전이 보였어요. 수많은 건물들 사이로 우뚝 솟은 언덕 위에 세워진 신전은 현실 같지 않았어요.

　올리브는 우리에게 신전과 관련된 이야기를 들려주었어요.
　"아주 오래전 옛날, 세상은 온통 헝클어진 실과 같았어. 규칙이나 질서라는 것은 찾아볼 수 없었지. 이런 상태를 카오스라고 불렀대. 카오스의 어느 날, 가이아가 태어났어. 가이아는 땅을 만들었지. 모든 것을 만들어 내는 정신인 에로스가 태어났고, 밤 닉스와 암흑 에레보스도 생겼어. 가이아는 스스로 하늘의 신 우라노스를 만들어 둘 사이에서 티탄이라 부르는 거인족을 만들었어. 나중에 신들의 왕이 되는 제우스의 아빠가 바로 거인족 형제들 중 막내인 크로노스야. 세상의 만물이 만들어지면서 질서가 생겼는데 이를 코스모스라고 해. 후에 사람들은 신을 숭배했고 이들을 모시는 신전을 만들었어. 그리고 간절히 원하는 것이 생기면 신전에 찾아가 재물을 바치며 신들에게 기도했대. 우리가 지금 보고 있는 신전은 지혜와 전쟁의 여신 아테나를 위해 만든 것이야. 여러 차례 전쟁을 치르는 동안 온전히 남아 있지 않지만 아크로폴리스 박물관에 가면 당시의 웅장한 모습을 볼 수 있어."

"아크로폴리스 박물관에 가면 원래 모습의 아테네 신전을 볼 수 있는 거예요?"

"응, 진짜는 저기 언덕 위에 보이는 신전이지만 박물관에 가면 과거 온전한 형태의 아테네 신전을 3D 영상으로 볼 수 있어. 모형으로도 자세히 만들어 놓았지. 지금의 신전은 상아색이지만 과거에는 채색되어 있었고 많은 사람들이 바친 보석들로 화려하게 치장되어 있었대. 그리고 4년에 한 번씩 주변의 폴리스(도시 국가)들이 모여 축제를 열 때면 아테네 신전으로 가는 길에 긴 줄이 생길 만큼 엄청난 인파가 모였다고 해. 그때의 축제가 오늘날 올림픽의 시작이야. 올림픽은 그리스에서 시작된 거야."

올리브가 우쭐하며 말했어요.

"그래서 올림픽을 시작하기 전에 그리스에서 성화에 불을 붙여 올림픽이 열리는 나라로 가져가는 거였군요."

"그 의식이 열리는 곳이 바로 올림포스야. 올림포스는 옛날에 신들이 살았던 산이야."

우리는 집을 나와 아크로폴리스로 갔어요. 잠깐 걸었는데도 햇살이 너무 뜨거워서 피부가 따끔따끔할 정도였어요.

"여기는 아고라라고 해. 아고라는 물건을 사고파는 시장이자 신들에게 바칠 제물을 사는 곳이기도 했어. 상점을 영어로 스토어라고 하는데 그 스토어도 고대 아고라의 스토아에서 나온 말이야. 소크라테스, 아리스토텔레스 같은 철학자들은 사람들이 많이 모이는 아고라에서 자신의 생각을 말하고 사람들과 토론했어. 지금은 흔적만 남았지만 아고라는 도시에서 가장 중요한 장소였어."

길을 따라 주변에 기둥과 석상의 흔적이 남아 있었어요. 올리브가 이렇게 알려 주지 않았다면 그냥 지나쳐 버릴 것 같은 곳이었어요. 곧 작은 언덕에 다다랐어요. 언덕 위에서 아크로폴리스가 한눈에 들어왔어요.

"이곳은 아레이오스 파고스라고 해. 아레스의 바위라는 뜻이지. 신화에 따르면 포세이돈의 아들인 할리로티오스가 아레스의 딸을 괴롭히자 분노한 아레스가 할리로티오스를 죽였어. 아레스의 재판이 열렸지. 결과는 '아버지의 살인은 정당하다'라며 무죄가 선고됐어. 이 재판은 세계 최초의 재판이고 이 장소 역시 세계 최초의 법정이야. 세계 최초의 재판과 법정도 그리스에서 시작된 거라고. 에헴!"

이번에도 올리브 언니가 우쭐하며 말했어요.

"고대 그리스 시대에는 귀족들의 평의회가 이곳에서 열렸어. 그리고 사도 바울이 아테네 시민들을 향해 설교한 장소이기도 해."

우리는 언덕에서 내려와 또 오르막길을 계속 걸었어요. 한참 땀을 뻘뻘 흘리며 올라가니 드디어 아크로폴리스 입구가 나타났어요.

"사람들은 신전에 가기 위해 우리처럼 계속 걸었을 거야. 먼 곳에서 아테네를 찾아온 사람들은 이 언덕을 걸어 오르며 신전에서 아테나 여신을 만날 생각에 심장이 두근두근했겠지. 아크로폴리스라는 이름도 '가장 높은'이란 뜻의 아크로와 '도시'란 뜻의 폴리스

가 합쳐진 말이야. 이제 안으로 들어가 볼까?"

입구에서 들어가면 또 오르막이 시작되었어요. 계단을 걷고 또 걷고, 우리뿐 아니라 많은 관광객들이 줄을 서서 올라갔어요. 높은 계단을 그늘 한 점 없는 태양 아래에서 걷는 건 정말 고역이었어요.

"이곳은 프로필라이아야. 신전으로 들어가는 문이지. 왼쪽에는 기둥만 남아 있지만 네 마리 말을 이끄는 아그리파 집정관을 기리는 동상이 있었어. 오른쪽에는 아테나 니케 신전이 있었고 페르시아와의 전투에서 승리한 것이 아테나 여신 덕분이라 생각해서 신전을 세운 거야. 오스만 제국이 점령했을 때 베네치아인들과의 전쟁으로 파르테논 신전과 함께 부서져서 너무 안타까워."

프로필라이아의 높은 쪽 문을 지나니 파르테논 신전이 보였어요. 웅장한 규모의 신전을 어떻게 이렇게 높은 곳에 지었을까요?

"올리브, 여기 신전은 돌로 지은 것인가요?"

"응, 신전에 사용된 돌은 아테네에서 16킬로미터 떨어진 펜테리콘이라는 산에서 가져온 거야. 프로필라이아의 돌도 그 산에서 가져왔지."

"다른 지역에서 이렇게 높은 곳까지 돌을 가져왔다는 거예요? 믿어지지 않아요."

"응, 당시 그리스는 가장 번성한 도시 국가였어. 페리클레스가 다스리는 때였는데 정치와 경제가 안정되어 거대한 신전을 지을 수 있었어. 우리가 보고 있는 파르테논 신전은 그리스에서 가장 크고 아름다운 신전이야. 당시 건축을 가장 아름답게 보이게 하는 황금비율을 찾아냈어. 가로 9 대 세로 4로 파르테논 신전과 같은 비율이야. 기둥은 아래가 두껍고 위로 갈수록 얇아지는 형태로 안정감을 느끼게 했어. 바닥을 자세히 보면 수평이 아니야. 가운데 쪽을 조금 높게 해서 정면에서 인간의 눈으로 볼 때 왜곡되는 것이 보완되게끔 지었어. 파르테논 신전은 멀리서 보면 직선으로 이루어진 건물 같지만 자세히 보면 그 어디에도 직선이 없어."

"고대 그리스인들은 건축의 천재였군요. 저는 건물을 항상 네모 반듯한 것으로 만드는 줄 알았어요."

"눈으로 볼 때 왜곡까지 고려하여 지었다는 것이 파르테논 신전의 위대함이야. 안타깝게도 이렇게 부서졌지만 말이야. 신전의 동쪽 정면 삼각형으로 이루어진 상단 부분을 페디먼트라고 부르는데 이곳에 아테나 여신의 탄생이 묘사된 조각이 있었어. 아테나 여신은 제우스의 머리에서 태어났어. 이곳에서는 자세히 보이지 않으니 상상하면서 들어 봐. 중앙에는 제우스가 앉아 있고 바로 앞에는 제우스의 머리로부터 나온 아테나 여신이 창과 방패를 들고 서 있어. 그 사이에서 니케 여신이 아테나에게 왕관을 씌우려 하고 양옆으로는 올림포스의 나머지 신들이 아테나의 탄생을 놀란 표정으로 지켜

보고 있어. 그리고 서쪽에는 이곳 아티카 지역의 신이 되기 위해 서로 다투는 아테나와 포세이돈의 모습이 조각되어 있지. 영국의 엘긴 경이 그리스 외교관으로 있을 때 파르테논의 조각들을 몰래 자기 나라로 가져가 버렸어. 지금은 영국박물관에 전시하고 있지."

"외교관이 국가 유물을 몰래 가져갔다고요? 어떻게 그런 일이 있을 수 있어요?"

"지금도 그리스 정부와 국민들은 유물을 돌려달라고 요청하고 있어. 아크로폴리스 박물관에는 유물을 위해 자리를 비워 놓았지."

우리는 파르테논 신전을 돌아봤어요.

"그냥 보기에 신전 바닥은 평평해 보이는데 어디가 볼록하다는 거예요?"

"가운데 부분이 12센티미터 정도 높은데 눈으로는 그 차이를 느끼기 어려울 거야. 가까이 가서 보면 알 수 있는데 보수 공사 때문에 가까이 갈 수 없어."

"오른쪽에 보이는 건물은 뭐예요?"

"에렉테이온 신전이야. 아테네의 영웅이자 고대 그리스 신화에 나오는 왕의 이름이지. 아름다운 소녀들이 신전의 기둥으로 장식되어 있는데 지금 보는 것은 복제품이고 진짜는 아크로폴리스 박물관에 다섯 점, 영국박물관에 한 점이 있어."

"에렉테이온 신전 기둥도 가져간 거네요."

"돌려달라고 요구하는데도 아직 감감무소식이야.

아, 그리고 저기 에렉테이온 신전 앞에 초록색 나무 보이지? 저 나무가 무슨 나무인지 알겠니?"

"잘 모르겠어요."

처음 보는 나무였어요.

"올리브 나무야. 그리스에는 올리브 나무가 아주 많아. 올리브는 그리스인들의 삶이라고 할 수 있어. 나무에서 올리브를 따서 기름을 짜거나 절여서 먹고, 나무는 도마나 숟가락 등 여러 가지 소품을 만들거든. 버릴 게 없는 매우 유용한 나무지."

"아! 그래서 언니 이름이 올리브인 거예요?"

"응, 엄마 아빠가 내 이름을 고민하다가 그리스인들에게 없어서는 안 되는 올리브가 떠올랐고, 엄마 아빠에게도 내가 그만큼 소중한 존재라는 뜻으로 이름을 지었대. 난 내 이름이 좋아."

"듣고 보니 정말 멋진 이름이네요."

"고마워. 신화 이야기를 좀 더 해 볼까? 이 지역은 고대 그리스의 아티카였어. 아티카에서 수호신을 정해야 하는데 아테나랑 포세이돈이 서로 이 지역의 신이 되겠다고 싸웠어. 신들끼리 아무리 싸워도 결론이 안 나니 인간에게 물어보자고 했어. 인간을 불러서 어떤 신을 받들고 싶으냐고 물었지. 그랬더니 인간도 결정을 못 내리겠으니 선물을 한 가지씩 주면 그걸 보고 결정하겠다고 했어. 아테나와 포세이돈은 고심 끝에 선물을 내놓았지. 먼저 포세이돈은 물을 선물했어."

"물이야말로 인간에게 가장 중요한 것이 아닌가요?"

"물은 물인데 짠 바닷물이었어. 바닷물은 마실 수 없고 농사에도 쓸 수 없으니 무용지물이었지. 그 뒤에 아테나가 선물을 내놓았어. 무엇이었을까?"

"올리브 나무!"

오빠와 내가 동시에 말했어요.

"맞아, 올리브 나무였어. 인간들은 올리브 나무가 훨씬 마음에 들었지. 그래서 아테나가 아티카 지역의 수호신이 된 것이고 이곳이 바로 아테네가 된 거야."

"와, 재밌는 이야기예요. 흥미진진해서 더위를 잊을 정도였어요."

"아, 여기 그늘이 없어서 너무 덥구나. 이곳의 올리브 나무는 페르시아 전쟁 중에 없어져서 그리스 왕비가 새로 심은 거야. 저쪽에

물이 나오는 곳이 있으니까 잠깐 쉬다가 다음 장소로 이동하자."

우리는 파르테논 신전 뒤편에 있는 식수대에서 물을 마시고 커다란 그리스 깃발이 펄럭이는 전망대로 갔어요. 아테네가 한눈에 들어오는 곳이었어요. 아테나 신이 아테네를 내려다보며 '내가 이 거대한 도시의 수호신이니 잘 보살펴야지' 하고 생각했을 거 같아요.

"이제부터는 내리막길이야. 내려가면서 천천히 주위를 둘러보자. 먼저 보이는 이곳은 헤로데스 아티쿠스 음악당이야. 헤로데스 아티쿠스가 죽은 아내를 위해 만들어 아테네에 기증한 거야. 여름이면 콘서트, 연극, 오페라 공연이 열려. 멋지지 않니? 거의 2천 년 전에 지어진 음악당에서 현재의 사람들이 공연을 즐긴다는 게 말이야."

올리브의 표정엔 그리스 문화에 대한 자부심이 가득했어요.

음악당은 부채꼴 모양으로 지붕 없이 탁 트여 있었어요. 한여름에 공연을 보면 너무 더울 것 같았어요. 다행히 모든 행사는 저녁에 열린대요.

올라온 거리만큼 내려가자 음악당보다 더 큰 부채꼴 모양의 장소가 나타났어요.

"여기는 디오니소스 극장이야. 헤로데스 아티쿠스 음악당이 5천 명을 수용할 수 있는 규모인데 이곳은 무려 17만 명이 들어올 수 있어. 앞쪽에는 등받이가 있는 의자가 있어서 귀족이나 신분이 높은 사람들이 앉았다고 해."

오빠는 얼른 뛰어가서 등받이가 있는 대리석 의자에 앉아 사진을 찍어 달라고 했어요.

"의자가 딱딱해. 신분이 높은 사람이 앉았다고 해서 편할 줄 알았는데 대리석 의자는 별로야. 엉덩이 아파."

"대리석 의자 말고 우리 편안한 식당 의자에 앉자! 수블라키가 맛있는 식당을 알고 있어."

올리브는 한 식당으로 우리를 데려갔어요. 엘리베이터를 타고 올라가자 커다란 통유리로 아크로폴리스가 보였어요.

"아크로폴리스는 아테네 시내 어디에서나 보이지만 이렇게 잘 보이는 곳에서 밥을 먹는 것도 좋지. 메뉴를 골라 볼까? 수블라키는 꼬치라는 뜻의 그리스어야. 메인인 꼬치 구이와 납작한 피타 빵, 감자튀김, 토마토 구이가 함께 나오는데 고기를 선택할 수 있어. 그리고 그리스식 샐러드는 꼭 먹어야지!"

나는 창밖의 아크로폴리스를 한참 바라보다 입을 열었어요.

"오빠, 아테나가 전쟁을 승리로 이끈 뒤에 자신의 신전으로 내려오는 것만 같아. 사람들은 아테나에게 손을 흔들어 반갑게 인사하고 아테나는 미소를 지으며 자신이 수호하는 아테네로 내려왔겠지?"

"완전 슈퍼 히어로네. 아마 영화에 나오는 슈퍼 히어로들의 과거 직업이 신이 아니었을까? 옛날에는 공기가 좋아서 신들이 살 만했을 거야."

오빠의 말을 듣고 보니 일리가 있었어요. 신들이 다른 곳에서라도 직업을 바꿔 슈퍼 히어로로 활동하고 있다면 좋겠어요.

드디어 주문한 음식이 나왔어요.

"샐러드 안에 이 하얗고 네모나고 납작한 것은 뭐예요?"

"이건 페타 치즈야. 그리스식 샐러드에 빠질 수 없는 치즈지. 신선한 올리브유를 뿌리고 절인 올리브도 듬뿍 올려. 페타 치즈는 양젖이나 염소젖으로도 만들어. 치즈를 적당히 잘라서 야채와 함께 먹으면 돼."

꼬치에서 고기를 빼서 구운 토마토와 함께 피타 빵에 넣어 먹었어요. 샐러드는 올리브유가 듬뿍 들어가 느끼할 것 같았는데 치즈와 토마토, 오이 등 채소를 더욱 맛있게 해 주었어요.

오후에는 아크로폴리스 박물관에 갔어요. 안에는 아크로폴리스에서 발견된 유물들이 전시되어 있었어요. 특히 파괴되기 전 모습을 재현해 놓은 3D 영상이 놀라웠어요.

"너희는 그리스 신화에 대해 잘 알고 있니?"

"그리스 신화는 책과 만화책으로 봤어요."

"그렇다면 신들을 구분할 수 있겠다. 어떤 신인지 맞혀 볼까?"

우리는 석상들이 가득한 전시실의 한 동상 앞에 멈췄어요. 턱수염이 북실북실한 남자가 그리스 양식 옷을 입고 서 있고 한 손에는 번개를 들고 있었어요. 아래는 독수리가 앉아 있고요.

"올림포스의 12신은 제우스, 헤라, 포세이돈, 헤파이스토스, 아레스, 아르테미스, 아폴론, 아테나, 아프로디테, 헤르메스, 하데스,

디오니소스를 말해. 이 동상은 누구일까?"

"제우스!"

오빠가 얼른 말했어요.

"제우스는 자신의 아버지를 내쫓고 형제들과 함께 세상을 지배하는 신이 되었어. 신 중의 신이지. 독수리가 제우스의 상징이야. 자, 이 동상은 누구일까?"

올리브가 가리킨 동상은 옷을 벗고 있는데 귀여운 모자에 날개가 달려 있었어요. 발목 뒤에도 날개가 보였어요. 나는 누구인지 금방 알 수 있었어요.

"전령사 헤르메스예요."

"오, 제법인데? 제우스와 요정 마이아 사이에서 태어난 헤르메스는 여행자의 신, 상업의 신, 재빨리 도망가는 데 선수여서 도둑의 신이기도 해. 너희들도 지금 여행하고 있으니 헤르메스가 지켜 주고 있을지도 몰라. 자, 다음은 누구일까?"

한 여자가 찡그리고 있고 여자의 몸을 잡고 있는 또 다른 동상이 있었어요. 그 사람은 허리 아래는 동물이고 상체는 사람인 것 같은데 머리엔 뿔이 달려 있었어요. 위에는 두 사람을 떼어 놓으려는 천사가 있었어요.

오빠가 말했어요.

"12신 중 여자는 헤라, 아르테미스, 아테나, 아프로디테인데 아테나와 아르테미스는 아닌 것 같아요. 혹시 헤라?"

"안타깝지만 이번에는 틀렸어. 이 동상은 미의 여신 아프로디테야. 아프로디테는 에로스와 함께 다녀서 쉽게 알 수 있어. 그리고 옆에 아르테미스를 귀찮게 하는 동상은 판이라는 이름의 목동의 신이야. 아프로디테에게 추근대자 아들인 에로스가 막아서는 거고 아프로디테는 짜증나는 표정이야. 싫다는데도 계속 추근거리면 안 되지."

다음 동상도 여자의 모습이었어요. 한 손에는 창을, 다른 한 손에는 방패를 들고 있었어요. 투구를 쓴 모습이 위풍당당했어요.

오빠와 나는 동시에 외쳤어요.

"아테나!"

"지혜와 전쟁의 신 아테나는 아테네의 수호신이자 파르테논의 주인이야. 너희도 아테나 여신처럼 당당하고 지혜로운 사람이 되었으면 좋겠다. 그럼 또 다른 신을 만나 볼까?"

우리는 올리브를 따라 다음 전시실로 갔어요.

올리브가 알려 주는 그리스 이야기

한국인인 엄마는 그리스로 여행을 왔다가
그리스인 아빠를 만나서 결혼했어.
나는 아테네에서 역사를 전공하고 있고
한국의 역사와 문화, 그리스의 역사와 문화를 사랑하고 존중해.
여행을 함께하지 못했지만 친구들에게도
그리스 이야기를 들려줄게.

아크로 폴리스의 전경

고대 그리스 사회

고대 그리스의 특징은 폴리스라고 할 수 있어. 그리스에는 여러 개의 폴리스라고 부르는 도시 국가들이 생겨났어. 도시 국가들은 전쟁이 났을 때는 서로 동맹을 맺기도 했어. 4년에 한 번씩 신을 찬양하고 스포츠를 겨루며 단합했지. 아테네는 직접 민주주의를 운영한 시민 공동체였어. 투표권이 있는 시민들은 토론과 투표를 통해 의사를 결정하고, 권력이 한 사람에게 집중되는 걸 막기 위해 도편추방제(독재를 할 것 같은 사람을 투표해서 일정 표 이상 나오면 아테네에서 추방시키는 제도)를 실시하기도 했지. 당시 민주주의 제도에서 투표권은 시민만이 가지고 있었는데 여자와 노예, 외국인은 해당이 안 됐어.

아테네는 왜 사라졌을까? 아테네를 중심으로 여러 동맹 국가들이 델로스 동맹을 맺었어. 아테네와 경쟁한 스파르타는 펠로폰네소스 동맹을 맺고 맞섰지. 그러다 펠로폰네소스 전쟁이 벌어져 아네테와 동맹 국가들이 그만 지고 말아. 스파르타는 비록 이기긴 했지만 전쟁 후에 힘이 약해진 데다 마케도니아 왕국에 패하면서 고대 그리스 사회는 점점 쇠락했어. 후에 로마인들이 그리스를 정복하는데 로마의 속주로 편입되고 나서 그동안 꽃피웠던 철학과 건축 등 그리스 문화는 로마에 지대한 영향을 끼쳤어.

여행 마지막 날

드디어 한 달간의 유럽 여행 마지막 날이에요.

아테네는 그리스 신화 이야기로 무척 재밌었어요. 수니온 곶에서 아이게우스 왕과 아들 테세우스의 이야기를 들으며 빨갛게 지는 노을을 바라본 것이 제일 기억에 남았어요. 그리스에 머무는 동안 그리스의 역사와 문화를 설명해 준 올리브가 은수는 정말 고마웠어요. 은수는 올리브를 꼭 안아 주었어요.

은수는 지금껏 다닌 여러 나라와 그곳에서 만난 사람들이 떠올랐어요. 한국에서 애프터눈 티 카페를 열겠다던 마틸다, 혁명가의 손녀로 프랑스 혁명에 대해 이야기해 주던 아멜리, 한국학을 공부하며 우리에게 아우슈비츠를 보여 준 마르크트, 수상 시장에서 꽃 가게를 운영하며 네덜란드의 황금시대에 대해 알려 준 히딩크, 한국의 엄마를 찾던 한국계 스웨덴인 안나, 꿈꾸던 스페인에서 공부하게 된 김선, 그리스인으로서 자부심이 가득했던 올리브까지 모두 좋은 사람들이었어요.

이제 여행이 끝났다고 생각하니 유럽에서의 시간이 은수는 마치 꿈처럼 느껴졌어요. 배낭을 싸던 때가 얼마 되지 않은 것 같은데 벌써 한 달이나 지났다니 믿어지지가 않아요. 여행 전에는 서먹했던 도현과 은수는 여행을 다니는 동안 많이 친해졌어요. 그러고 보니 은수는 비상용 호루라기는 한 번도 사용할 일이 없었어요. 은수는 소지품을 잘 챙기고 위험한 곳에는 가지 않았거든요.

도현과 은수는 다시 학교에 가고 평범한 일상으로 돌아갈 거예요. 그래도 앞으로는 그 일상이 조금은 다르게 다가올 것 같아요. 유럽에서 만난 사람들의 이야기를 많이 듣고 보며 느꼈으니까요.

은수는 비행기 안에서 창밖을 내려다보며 말했어요.

"안녕, 유럽. 그리고 다시 올게."

"안녕, 유럽!"

사진 출처

- 31쪽 https://flic.kr/p/2bZZPSC
- 53쪽 https://france3-regions.francetvinfo.fr/paris-ile-de-france/paris/craquez-meilleure-baguette-parisienne-13eme-1247485.html
- 75쪽 https://flic.kr/p/edugEi
- 99쪽 https://nl.wikipedia.org/wiki/Beurs_van_Hendrick_de_Keyser
- 119쪽 https://commons.wikimedia.org/wiki/File:Gokstad-ship-model.jpg
- 140쪽 https://flic.kr/p/24WMwmk
- 162쪽 https://commons.wikimedia.org/wiki/File:View_of_the_Acropolis_Athens_(pixinn.net).jpg

※ 이 책의 사진 자료는 플리커와 위키백과의 도움을 받았습니다.